国家社科基金申报指导与技巧

杜为公　杜康　著

清华大学出版社
北京

本书封面贴有清华大学出版社防伪标签，无标签者不得销售。
版权所有，侵权必究。举报：010-62782989，beiqinquan@tup.tsinghua.edu.cn

图书在版编目(CIP)数据

国家社科基金申报指导与技巧 / 杜为公，杜康著. —北京：清华大学出版社，2021.6（2024.12重印）
 ISBN 978-7-302-58362-2

Ⅰ.①国… Ⅱ.①杜…②杜… Ⅲ.①社会科学－基金项目－申请－中国 Ⅳ.①C36

中国版本图书馆 CIP 数据核字 (2021) 第 111126 号

责任编辑：顾　强
封面设计：汉风唐韵
版式设计：方加青
责任校对：王凤芝
责任印制：丛怀宇

出版发行：清华大学出版社
　　　网　　址：https://www.tup.com.cn，https://www.wqxuetang.com
　　　地　　址：北京清华大学学研大厦 A 座　　邮　　编：100084
　　　社 总 机：010-83470000　　邮　　购：010-62786544
　　　投稿与读者服务：010-62776969，c-service@tup.tsinghua.edu.cn
　　　质 量 反 馈：010-62772015，zhiliang@tup.tsinghua.edu.cn
印 装 者：三河市科茂嘉荣印务有限公司
经　　销：全国新华书店
开　　本：148mm×210mm　　印　张：9.125　　字　数：226 千字
版　　次：2021 年 7 月第 1 版　　印　次：2024 年 12 月第 13 次印刷
定　　价：68.00 元

产品编号：092569-01

老杜书房

"老杜书房"倾情奉献

作者简历

杜为公,河南省新乡市人,曾获理学学士、经济学硕士、管理学博士学位,有两站博士后的研究经历,英国伯明翰大学和约克大学访问学者,2006年被评为应用经济学博士生导师。现任湖北某省属普通高校经济学院教授。

主持完成国家自然科学基金项目1项、国家社会科学基金项目5项,在研国家社会科学基金重点项目1项;主持完成国家软科学项目1项、中国博士后基金项目1项、中国人民解放军军事经济研究中心课题4项、中国人民解放军总后勤部后勤学术研究课题3项、湖北省社会科学基金项目5项;主持完成其他各级课题50余项。

主持完成国家社会科学基金、国家自然科学基金项目清单如下:

2002年主持国家社会科学基金项目"战争的经济承受力研究"(批准号:02EJY002);

2004年主持国家社会科学基金项目"西方国防经济学最新发展研究"(批准号:04BJL043);

2006年主持国家自然科学基金项目"基于全寿命理论的武器装备分阶段采办理论与实证研究"(批准号:70673112);

2008年主持国家社会科学基金项目"自然灾害经济损失评估方法比较研究——基于我国2008年暴雪灾害的理论与实证比较"(批准号:08BJL021);

2013年主持国家社会科学基金后期资助项目"西方农业经济学理论与方法新进展研究"(批准号:13FJY007);

2016 年主持国家社会科学基金项目"农民工家庭'链式迁移'与城市接纳方式研究"（批准号：16BJY102）；

2020 年主持（在研）国家社会科学基金重点项目"我国贫困治理组合政策中长期效果评估研究"（批准号：20AJY013）。

杜康，湖北省武汉市人，曾获工学学士学位（山东大学）、工学博士学位（新加坡国立大学）；曾获优秀本科交换留学生资助（日本金泽大学），有两站博士后的研究经历（新加坡国立大学）。第十二届"春晖杯"中国留学人员创新创业大赛优秀奖获得者（2017 年），第十五届"春晖杯"中国留学人员创新创业大赛优秀奖获得者（2020 年）；新加坡国立大学"CDPE 空调开发与商业化"创业合伙人，"Ecobinder"创业合伙人，"Microtube Technologies/ 微管科技"团队成员。

现任中国海归创业企业"老杜书房科技信息有限公司"法人。

发表 SCI 高因子收录论文 11 篇，获国际授权专利 4 项。

自 序

如果我们没有被别人任命为"特聘教授""首席专家""校长""院长""主任""二级教授""三级教授""博士生导师""学术带头人"等头衔，如果我们没有被别人给予过各类奖项，如果我们没有资格调动资源协助准备国家社科基金项目申报材料、协助写论文、协助收集资料、协助完成结项报告，如果像我一样只是普通高校的普通一员，如果像我一样所在高校没有高级研究平台，如果像我一样相信"学术水平是做出来的，不是评出来的"，如果像我一样"在申请基金过程中只能依靠自己"，如果像我一样"正在为各级社科类项目而奋斗"，如果像我一样"永远崇尚努力"，如果像我一样相信"只要努力，历史会准确地判断我们在这个时代的表现"，就请看看我做国家社科基金的经历、经验总结。

如果你曾在网上看过基金申报"技巧"的文章，也听过国家社科基金申报的付费或免费课程，认为已经学会了写国家社会科学基金项目申请书的技巧，但至今仍未拿到国家社科基金项目，主要原因可能是：那些讲授者所讲的真正的"技巧"不在写作本身，他与你拥有的平台、可调动的资源不同。我的每份国家社会科学基金项目申请书都是自己逐字逐句想出来、写出来的，明白那些"技巧"不适合我，我也根本不相信有什么"技巧"。正如我国农业发展不能照搬西方发达国家的"大农场"路径，只能走"家庭农场""小农户"发展道路一样，需要根据自身的情况选择成功之路。你最需要知道的是：与自己的境遇、状态、条件相同的成功申请人的经验，他的经验才是真正有启发的，才是真正有用的。

我曾读过多遍《红楼梦》，也想写一本《新红楼梦》。起初感觉自己已经熟读《红楼梦》，也知道如何去写了，但开始写作时却无从下笔。正如你曾经看过很多成功立项的国家社会科学基金项目申请书样本，感觉自己已经懂了、会了，但换一个题目写出来的就完全是两回事。我不知道曹雪芹先生当时是如何构思、如何写、为什么那样写，若知道了也许我就能写出《新红楼梦》了。我们不仅需要看到成功的国家社会科学基金项目申请书样本，更需要知道的是：申请人对国家社科基金项目申请书的理解，在写作过程中的想法、做法及原因，这样才能与成功立项的申请人一起思考，形成自己的写作思路，并用于其他各类国家社科基金项目申请书的写作。

本书中，我不想用教科书式、说教式的语言来描述国家社科基金项目申请写作中的种种问题，而是用谈话式、口语式的语言来叙述内容。我尝试描述了自己对申请材料中每个标题的理解、自己在写作过程中的想法和做法，并对有问题的申报材料写法与我自己成功立项的申请材料写法进行对照，说明各自的特点，供读者借鉴。我列举的立项申请材料不是写得最好的，却是成功的。

为了减轻读者的阅读负担，除一些必要的资料外，很多内容我没有列入书中，已经汇总成了电子文件，读者可以扫描下方二维码获取。

祝大家梦想成真！

是为序！

2020年1月9日于武汉金银湖

目 录

第 1 章　普通高校教师基金申报面临的主要问题 ·············· 1

第 2 章　国家社会科学基金申请相关问题 ·················· 7

2.1　国家社会科学基金项目概述 ························ 8
　　2.1.1　关于国家社会科学基金项目 ·················· 8
　　2.1.2　关于国家社会科学基金项目申报 ·············· 31

2.2　国家社会科学基金项目评审基本程序 ················ 34
　　2.2.1　关于匿名通讯初评程序 ···················· 35
　　2.2.2　关于会议评审程序 ························ 36
　　2.2.3　关于重点项目、自选项目、非共识项目和跨学科项目
　　　　　的评审程序 ······························ 37

第 3 章　国家社会科学基金项目选题与题目 ················ 39

3.1　选题、题目的作用 ································ 40
　　3.1.1　选题是成败的关键 ························ 40
　　3.1.2　题目是点睛之笔 ·························· 42

3.2　确定选题的过程与要求 ···························· 43
　　3.2.1　根据研究基础确定选题 ···················· 43
　　3.2.2　依据《课题指南》确定选题 ·················· 44
　　3.2.3　阅读文献确定选题 ························ 60

3.2.4 捕捉突发灵感确定选题 …………………………………… 62
  3.2.5 参照过去立项确定选题 …………………………………… 62
  3.2.6 通过学术交流确定选题 …………………………………… 62
  3.2.7 调研、实践找选题 ………………………………………… 63
  3.2.8 选题的确定 ………………………………………………… 63
3.3 确定题目的过程与要求 ……………………………………… 64
3.4 成功的选题、题目案例分析 ………………………………… 67
  3.4.1 案例：2002年度国家社科基金项目"战争的经济承受力研究——基于临界理论的研究"（02EJY002）…… 67
  3.4.2 案例：2004年度国家社科基金项目"西方国防经济学最新发展研究"（04BJL043）……………………… 69
  3.4.3 案例：2006年度国家社科基金项目"基于全寿命理论的武器装备分阶段采办理论与实证研究"（70673112）… 70
  3.4.4 案例：2008年度国家社科基金项目"自然灾害经济损失评估方法比较研究——基于我国2008年暴雪灾害的理论与实证比较"（08BJL021）………………… 72
  3.4.5 案例：2013年度国家社科后期资助项目"西方农业经济学理论与方法新进展研究"（13FJY007）……… 74
  3.4.6 案例：2016年度国家社科基金项目"农民工家庭'链式迁移'与城市接纳方式研究"（16BJY102）…… 76
  3.4.7 案例：2020年度国家社科重点项目"我国贫困治理组合政策中长期效果评估研究"（20AJY013）……… 79
3.5 选题、题目案例点评 ………………………………………… 81

第4章 国家社会科学基金申报材料的写作 ························ 87

4.1 2021年国家社会科学基金申报材料要求的新变化 ···· 96
4.1.1 申报材料准备时间有变化 ························ 96
4.1.2 论证部分内容有增减 ···························· 98
4.1.3 论证部分"研究方法"并入"研究内容" ········ 103

4.2 开头文字的写法（活页、申请书） ····················· 104
4.2.1 开头文字的作用 ······························· 104
4.2.2 开头文字的写法 ······························· 107
4.2.3 案例点评 ····································· 108

4.3 [选题依据]的写法（活页、申请书） ················· 110
4.3.1 关于"国内外相关研究的学术史梳理及研究动态（略写）" ······································· 112
4.3.2 关于"本课题相对于已有研究的独到学术价值和应用价值等" ································· 114
4.3.3 关于"相对于国家社会科学基金已立同类项目的新进展" ······································· 115
4.3.4 [选题依据]写作可能出现的问题 ··············· 116
4.3.5 案例点评 ····································· 117

4.4 [研究内容]的写法（活页、申请书） ················· 124
4.4.1 关于"研究对象" ······························ 125
4.4.2 关于"框架思路" ······························ 127
4.4.3 关于"重点难点" ······························ 131
4.4.4 关于"研究目标" ······························ 132
4.4.5 关于"研究计划及其可行性等" ················· 133
4.4.6 [研究内容]写作可能出现的问题 ··············· 135
4.4.7 案例点评 ····································· 135

4.5 [创新之处]的写法（活页、申请书） ……………… 151
4.5.1 [创新之处]写作方法 ……………………… 151
4.5.2 案例点评 ……………………………………… 153

4.6 [预期成果]的写法（活页、申请书） ……………… 156
4.6.1 关于"成果形式（略写）" …………………… 156
4.6.2 关于"使用去向及预期社会效益等（略写）" … 157
4.6.3 [预期成果]写作可能出现的问题 …………… 157
4.6.4 案例点评 ……………………………………… 158

4.7 [研究基础]（活页）的写法（课题负责人前期相关代表性研究成果、核心观点等（略写） ………… 161
4.7.1 关于课题负责人前期相关代表性研究成果（略写） … 162
4.7.2 关于"课题负责人前期相关代表性研究成果的核心观点（略写）" ………………………………… 163
4.7.3 [研究基础]《国家社会科学基金项目课题论证活页》写作可能出现的问题 ………………………… 163
4.7.4 案例点评 ……………………………………… 164

4.8 [研究基础]（申请书）的写法 …………………… 167
4.8.1 关于"课题负责人的主要学术简历、学术兼职，在相关研究领域的学术积累和贡献等" ………… 169
4.8.2 关于"课题负责人前期相关研究成果、核心观点及社会评价等" ………………………………… 170
4.8.3 关于"承担项目" ……………………………… 170
4.8.4 关于"与已承担项目或博士论文的关系（略写）" … 170
4.8.5 [研究基础]（申请书）写作可能出现的问题 … 171
4.8.6 案例点评 ……………………………………… 172

4.9 [经费概算]（申请书）的写法 …………………… 176

4.9.1　关于资助经费分类与作用 …………………………… 176
　　4.9.2　[经费概算]写作可能出现的问题 …………………… 179
　　4.9.3　案例点评 ……………………………………………… 180
4.10　[参考文献]（活页、申请书）的写法（开展
　　　本课题研究的主要中外参考文献（略写）） ……… 185
　　4.10.1　关于"开展本课题研究的主要中外参考文献
　　　　　（略写）" ………………………………………… 185
　　4.10.2　[参考文献]写作可能出现的问题 …………………… 186
　　4.10.3　案例点评 ……………………………………………… 187
4.11　"课题组成员（申请书）"的写法 ………………… 190
4.12　"课题负责人所在单位审核意见（申请书）"
　　　的写法 ………………………………………………… 191

第5章　国家社会科学基金项目申报材料提交前的检查 …… 193

5.1　整体逻辑关系的检查 ………………………………… 194
5.2　《国家社会科学基金项目申请书》内容的检查 …… 197
5.3　《国家社会科学基金项目课题论证活页》内容
　　　的检查 ………………………………………………… 206
5.4　提交材料后的课题研究 ……………………………… 208

第6章　国家社会科学基金项目的结项 ………………………… 209

6.1　项目结项与网上结项要求 …………………………… 210
6.2　对照申请书中"预期成果"检查成果完成情况 …… 217
6.3　对照申请书中"研究计划"检查计划落实情况 …… 222
6.4　对照申请书中"经费概算"检查经费使用情况 …… 223

第 7 章　国家社会科学基金申报准备 ·············· 225

7.1　积累成果、储备文献，并设计研究方案 ············ 227

7.2　预测今后几年热点，并动态跟踪前沿 ············· 229

7.3　长期关注 2～3 个研究方向，并准备研究基础 ······· 230

7.4　已经写好多个项目申请书，在等课题申报公告 ······ 231

7.5　长期培养文字交流能力 ····················· 233

附录 ·· 235

附录 1　国家社会科学基金项目申报资料网址汇总 ········ 236

附录 2　2021 年国家社会科学基金项目课题论证
（活页）写作格式样板 ···················· 238

附录 3　2021 年国家社会科学基金项目（申请书）
写作格式样板 ·························· 240

附录 4　国家社会科学基金项目资金管理办法（2016 年）··· 241

附录 5　全国哲学社会科学工作领导小组、财政部
《关于进一步完善国家社会科学基金项目
管理的有关规定（2019 年）》··············· 249

附录 6　2020 年度国家社会科学基金年度项目、青年
项目申报常见问题释疑 ··················· 254

附录 7　2019 年度教育部人文社会科学研究一般项目
申报常见问题释疑 ······················ 260

附录 8　国家社会科学基金项目申请《老杜金句》摘编 ··· 268

附录 9　新闻媒体对笔者的评价选编 ················· 271

后记 ·· 275

第1章
普通高校教师基金申报面临的主要问题

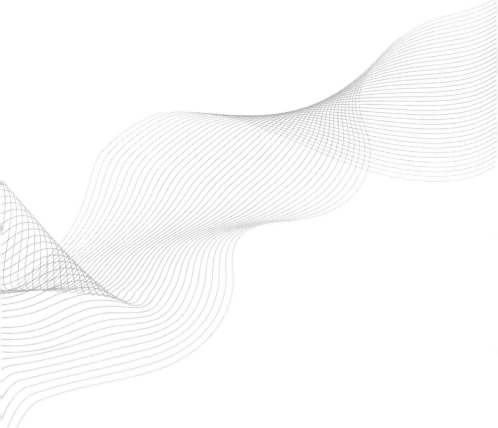

普通高校教师在社科类基金申报时一般会面临的问题及解决方法如下。

1. 普通高校教师面临的研究平台较低问题

普通高校一般没有"教育部人文社科重点研究基地"。教育部人文社会科学重点研究基地指1999年以来中华人民共和国教育部在全国66所高等学校相继设立的151个人文社会科学重点研究基地（科研院所）[①]。超过50%的重点研究基地成为后来启动"985工程"国家哲学社会科学创新平台的核心和支撑。"教育部重点研究基地建设由教育部、主管部门和高等学校共同负责经费投入；合作共建重点研究基地建设由教育部、合作共建主管部门和高等学校共同负责经费投入。重点研究基地各方的投入经费在共建协议中有明确规定，用于科研项目、学术会议、学术交流、资料建设、学术期刊、网络和数据库建设，以及日常办公开支等"[②]。普通高校一般只有省级人文社会科学重点研究基地。如《湖北省普通高校人文社会科学重点研究基地管理试行办法》（鄂教科〔2001〕3号）要求——"研究基地专项经费的来源是：省财政

---

① 教育部人文社会科学重点研究基地一览表[DB/OL]. [2021-01-09]. https://baike.baidu.com/reference/1589624/1164a0BdgkklAJhWvv_rF6RdzvtMK-kzuBbR7Ak8JN3WMpb5rIwoOoYwVJ2ceJBhlEZa431QgkMR-0h0Fk-K5z93KFY.
② 教育部办公厅关于印发《高等学校人文社会科学重点研究基地建设计划实施办法》的通知_教育部门户网站_MOE.GOV.CN[DB/OL]. [2021-01-10]. http://old.moe.gov.cn/publicfiles/business/htmlfiles/moe/moe_2558/201301/146418.html.

专项经费、学校配套经费、其他部门或企事业单位的投入"[①]。若只是普通教师，除了基地收集的资料可以阅读外，资助经费几乎与我们的科研工作没有任何关系。填写研究基础、可行性时与其他高校（"985""211""双一流"院校）老师相比会处于弱势。

普通高校教师在申请各类社科项目时，只能通过加强个人研究基础准备的方式，弥补研究平台较低的弱势。

2. 普通高校教师面临的学校团队、学术梯队较弱问题

普通高校一般没有固定的研究方向，也没有在某个研究方向上形成固定学术团队，学术梯队相对较弱。在申请基金课题时会感到课题组成员、研究合作者很难在本校找到或找全，或者找到老师的研究方向、研究基础材料与申请课题的方向相去甚远。特别是在申请重大课题时，可能找不到子课题的负责人或找到的负责人不太符合标准。

普通高校教师在申请各类社科项目时，课题组成员只能通过引入其他高校（单位）人员的方式加以弥补。

3. 普通高校教师面临的博士阶段研究方向与学校研究方向不一致问题

普通高校在招聘新博士入职时，相对较少考虑博士的研究方向。一般认为只要是博士，本专业的任何课都能上，任何方向的研究都能做。当前研究方向的细分已经呈现常态化，博士阶段都花费了很大的精力用于学位论文研究与写作，但除学位论文研究方向外，一般不太了解其他的研究方向。若现在工作的高校已经确定了重点研究方向并要求集中力量研究，甚至有的学校用改变

---

① 人文社科重点研究基地专项经费管理办法 [DB/OL]. [2021-01-08]. http://ets.hbue.edu.cn/8c/e6/c4583a101606/page.htm.

科研奖励方案和科研计分办法来引导、聚集力量发展该方向，那么为了"生存"，他们也只能开始尝试研究这个新方向。学校领导、学院领导更替带来"新思维"而不断调整研究方向的风险也很大。他们无奈的选择可能是：一边坚持搞自己博士学位论文的研究方向，一边搞学校规定的方向，结果可能是两个方向都搞不好。笔者经历了两次研究方向转换，最能理解突然转变研究方向的痛苦，当时甚至萌生过彻底放弃科研的念头。但笔者的工资收入、职称评定与国家基金课题立项挂钩，也为了得到同行的认可，最终没有放弃科研。

普通高校教师在确定国家基金课题长远选题方向时，一定要更加慎重。

4. 普通高校教师面临的博士点、硕士点及学生助手相对短缺问题

普通高校一般没有或只有很少的博士点，硕士点也主要以专业硕士为主。就像读书时在导师指导下努力搞科研一样，博士生、硕士生是导师重要的科研合作者，在导师的科研工作、科研成果中占有重要的地位，正如很多理工类院校博士生的口号是"为把导师搞成院士而努力发表论文"。社科领域博士生、硕士生与导师联合发表论文也是普遍存在的现象。但普通高校的老师可能很难找到"以学术为志业"的研究生。在申请课题时与其他高校（"985""211""双一流"院校）老师的竞争中，处于明显弱势状态。

普通高校教师在申请各类社科项目时，一定要靠个人力量发表论文、准备研究基础。

5. 普通高校教师面临的学术氛围相对较弱、教学任务相对较重问题

普通高校学术氛围相对较弱，教学任务相对较重。这一问题在独立学院和职业院校更加明显。若身边没有或很少有老师在做科研，我们也会放松对科研的努力。若身边几乎没有人中过国家社科基金项目，就会感觉是我们所在的群体水平不行，对科研会出现自我放松的倾向。人的时间、精力是有限的，教学任务相对较重会影响对科研的投入。

普通高校教师在申请各类社科项目时，要认真领会教育部关于"人才培养、科学研究、服务社会、文化传承"高等教育四大职能的文件规定。[①] 我们要正确认识、理解"人才培养"与"科学研究"之间的关系，做到教学与科研并重。

普通高校教师在申请各类社科项目时，要清醒地认识到：不同类型高校之间科研水平确实存在总体差距，那是几代研究者的努力和积淀的结果，也是经费有差异地支持不同高校的结果，但与各类高校教师个体间科研水平差距的相关性不显著。比如有两个博士同学，一个签约到普通高校，一个签约到其他高校（"985""211""双一流"院校），他们的初始水平一样，之后可能会有动态变化。当然，不努力的博士就算去了其他高校（"985""211""双一流"院校），水平也会降低。

我们需要做的是：**"发掘自我意识，重新审视自己，努力做好科研。"**

近年来，普通高校教师申报国家社科基金的积极性高涨，获批立项数量逐年增长，这得益于普通高校加大了人才引进力度，

---

① 高等学校章程制定暂行办法（中华人民共和国教育部令）[DB/OL]. [2021-02-09].http://www.asu.edu.cn/info/1082/7405.htm.

吸引了更多学术能力强、受过良好学术训练的博士,他们在申报中表现出强劲的学术竞争力。从以往立项数据来看,普通高校教师国家社科基金的立项机会一直存在而且越来越多。

不论面对什么样的困难,普通高校教师**"要努力去申报,不申报则不可能立项,申报才有机会"**。

第2章
国家社会科学基金申请相关问题

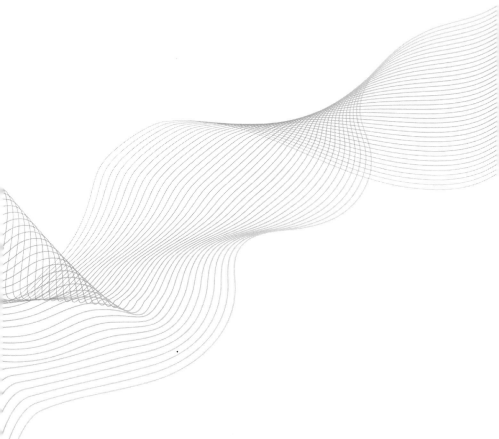

2.1 国家社会科学基金[①] 项目概述

2.1.1 关于国家社会科学基金项目

1. 国家社会科学基金项目是衡量研究者个人科研能力和水平的重要评价指标

国家社会科学基金项目1986年开始设置,是目前我国唯一的国家级哲学、社会科学和人文科学研究项目,是我国最高层次的社会科学研究项目,是衡量一个学校、学术研究团体、研究者个人科研能力和水平的重要评价指标。

国家社会科学基金项目"以重大理论和现实问题为中心,坚持基础研究和应用对策研究相结合,大力推进哲学社会科学学科体系、学术观点、科研方法创新,为党和国家工作大局服务,为推动社会主义文化大发展大繁荣服务"。

国家社会科学基金项目申报范围涉及23个学科(管理学、应用经济、法学、马克思主义·科学社会主义、语言学、民族学、中国文学、社会学、中国历史、哲学、理论经济、新闻学与传播学、体育学、政治学、国际问题研究、图书馆·情报与文献学、党史·党建、外国文学、世界历史、宗教学、考古学、统计学、

[①] 亦可简称为"国家社科基金"。

人口学），相应设置有23个学科规划评审小组。教育学、艺术学、军事学为单列学科，其申报分别由全国教育科学规划办、全国艺术科学规划办、全军社科规划办另行组织。

国家社会科学基金项目研究类别有：基础研究、应用研究和综合研究。基础研究以理论创新为主旨，强调学术观点、科研方法创新；应用研究关注现实问题，以提出应用对策为主旨；综合研究是理论创新和应用对策相结合，在理论创新的基础上，提出应用对策。

国家社会科学基金项目类型有以下7种。

（1）年度项目：包括重点项目、一般项目、青年项目。一般项目和青年项目资助额度为20万元/项，重点项目资助额度为35万元/项。一般在3月上中旬受理申报。

（2）重大项目：2005年开始设置，通过招标和答辩方式进行，资助额度为60万～80万元/项。根据具体情况确定受理申报时间。

（3）后期资助项目：2004年开始设置，针对在学科中特别有价值、基本已完成待发表或出版的成果，主要面向基础研究，涉及学科与年度项目相同。资助额度为20万元/项，与一般项目资助额度相同。从2019年起分设重点项目、一般项目、优秀博士论文出版项目。重点项目主要资助学术分量重、创新性强、对学科发展具有重要推动作用的研究成果，每项资助额度为30万～35万元。申请重点项目未达到立项要求、但达到一般项目标准的可立为一般项目。一般项目主要资助学术价值较高、具有一定创新性的研究成果，每项资助额度为20万元左右。优秀博士论文出版项目主要资助研究深入、创新程度较高、具有发展潜力的优秀博士论文，突出对优秀青年学者的科研支持，每项资助额度为20万元左右，一般在每年7月上中旬受理申报。

（4）西部项目：专项资助西部地区社科研究项目，资助额度为20万元左右。

（5）重大项目和特别委托项目（各类专项）：旨在重大战略问题和文化学术集成；少数重要研究课题单独立项，委托研究。

（6）中华学术外译项目：旨在推动中国学术"走出去"，增强国际影响力。主要资助中国现当代哲学社会科学优秀成果、近现代以来的名家经典以及国家社会科学基金项目优秀成果的翻译出版。学术著作类外译项目分重点项目和一般项目，重点项目主要资助国家级优秀出版成果和名家名社名品。申请重点项目未达到立项要求但达到一般项目标准的可立为一般项目。资助标准为：学术著作类项目，一般项目为1000～1200元/千字，重点项目为1300～1500元/千字，单项成果资助额度一般不超过50万元。资助经费的具体分配由联合申报双方平等协商自行决定，基金委按一定比例分别划拨启动经费至双方所在单位。外文学术期刊项目，资助额度为每年40万～60万元，每三年为一个资助周期。

（7）冷门绝学研究专项：2018年度国家社会科学基金新增了冷门绝学研究专项，旨在重点支持对国家发展、文明传承、文化安全具有重要意义或填补空白的研究。[①]

各类项目根据具体情况有特殊的限项规定，项目体系如表2-1所示。

---

① 2020年度国家社科基金冷门绝学研究专项申报公告—全国哲学社会科学工作办公室—人民网[DB/OL]. [2020-09-09].http://www.nopss.gov.cn/n1/2020/0826/c219469-31837564.html.

表 2-1　国家社会科学基金规划项目体系表

项 目 名 称
国家社会科学基金年度项目
国家社会科学基金艺术学年度项目
国家社会科学基金教育学年度项目
国家社会科学基金重大项目
国家社会科学基金重大研究专项
国家社会科学基金艺术学重大项目
国家社会科学基金教育学重大项目
国家社会科学基金"十九届四中全会"重大专项
国家社会科学基金"十九大精神"专项
国家社会科学基金"思政理论课"专项
国家社会科学基金"**研究"专项
国家社会科学基金"一带一路"专项
国家社会科学基金冷门绝学和国别史专项
国家社会科学基金后期资助项目
国家社会科学基金中华学术外译项目

一般项目立项面相对较广，对年龄没有限制，也是每年申请人集中的项目类型。但这个群体一般实力较强，是立项的主要来源群体。

青年项目会面向未来，立项向青年项目倾斜。但在目前限项申报的情况下，由于青年学者基础相对较弱，冲出学校是难关，特别是年龄的限制（成员也有年龄限制）增加了申报的难度。

自选项目是目前鼓励的方向，但对申请人选题的研究基础有要求。

跨学科申报可以借鉴和利用其他学科的研究内容和方法研究问题，但申报时以"为主"学科参加评审。写国家社会科学基金项目申请书时最大的难点是：如何说明你研究的问题依据本学科的理论与方法已经不够用，要引入其他学科才能解决问题。按照评审程序"跨学科的申请课题在为主学科中进行评审。如涉及学科较多,为主学科专家感到标准不易把握,可提交综合学科评审组。不能以跨学科申报为由轻易淘汰。需要跨组征求意见时,由相关学科组长负责协调",还需要申请人能证明(在申报资料的写作过程中证明)已经进行过跨学科领域的研究,并取得了成果。最好按照自己的学科申请,在本学科没有取得足够成绩时,不能依靠融入一个自己根本不懂的学科来提高立项成功率。因为跨学科后,你的国家社会科学基金项目申请书上会写很多"外行话"。

"要对学术心怀敬畏,不要让人感觉你什么都懂,什么都会。"

2. 国家社会科学基金项目是学术研究的"指挥棒"

国家社会科学基金项目体现了"国家战略研究着眼于重大的理论和现实问题,而不是一般的理论和现实问题;基础研究着眼于理论创新;应用研究着眼于有用、可用、好用"。起到"引导学术研究,优化科研布局,合理资源配置""稳定队伍、培养人才"的作用。

在国家社会科学基金项目管理上,"国家社会科学基金项目总规模不再增加,主要进行结构调整","调整资助结构,突出资助重点的项目体系"。《关于进一步完善国家社会科学基金项目管理的有关规定》提出了简化项目申请管理的要求:放宽申请人资格,简化申报要求,突出代表性成果;精简项目过程管理要求;简化变更批复,明确项目延期和清理要求,精简项目过程检查等;优化项目资助经费管理,使科研单位有项目经费管理、使用有自主权。[①]

[①] 关于进一步完善国家社会科学基金项目管理的有关规定(社科工作领字〔2019〕1号)[DB/OL].[2020-07-15].http://kjc.hrbeu.edu.cn/2020/0514/c11325a250996/page.htm.

国家社会科学基金项目的管理单位——全国哲学社会科学规划领导办公室,通过年度《申报公告》《成果要报》《哲学社会科学成果文库》《"国家社会科学基金"专刊》发布相关信息。这也是填写"[选题依据]国内外相关研究的学术史梳理及研究动态(略写);本课题相对于已有研究的独到学术价值和应用价值等,特别是相对于国家社会科学基金已立同类项目的新进展"的重要信息来源,需要经常关注。

3. 国家社会科学基金项目与国家自然科学基金项目

与国家社会科学基金项目具有同等地位的是国家自然科学基金项目。

自然科学基金项目分为九大部:数理科学部、化学科学部、生命科学部、地球科学部、工程与材料科学部、信息科学部、管理科学部、医学科学部和交叉科学部[①]。其中,管理科学部下设管理科学一处、管理科学二处,包括管理科学与工程(G01)、工商管理(G02)、宏观管理与政策(G03)三个项目申请的分类目录。

两类基金项目涉及的科学领域有差异,但国家社会科学基金项目分类与自然科学基金管理科学部的项目分类相交叉。

两类基金项目申报学科的比较,如表 2-2 所示。

表 2-2 国家社会科学基金项目与国家自然科学基金项目申报学科比较表

国家社会科学基金项目	国家自然科学基金项目
马克思主义·科学社会主义	数理科学部
党史·党建	化学科学部
哲学	生命科学部

---

① 来源:科学部资助领域和注意事项 http://www.nsfc.gov.cn/publish/portal0/tab889/.

续表

国家社会科学基金项目	国家自然科学基金项目
理论经济	地球科学部
应用经济	工程与材料科学部
统计学	信息科学部
政治学	管理科学部 管理科学与工程（G01）、工商管理（G02）、宏观管理与政策（G03）
法学	医学科学部
社会学	
人口学	
民族学	
国际问题研究	
中国历史	
世界历史	
考古学	
宗教学	
中国文学	
外国文学	
语言学	
新闻学与传播学	
图书馆·情报与文献学	
体育学	
管理学	

两类基金项目类型有差异，如表2-3所示。

表 2-3 国家社会科学基金项目与国家自然科学基金项目类型比较表

国家社会科学基金规划项目类别	国家自然科学基金项目类别
国家社会科学基金年度项目	面上项目
国家社会科学基金后期资助项目	重点项目
国家社会科学基金重大项目	重大项目
国家社会科学基金艺术学年度项目	重大研究计划项目
国家社会科学基金教育学年度项目	国际（地区）合作研究项目

续表

国家社会科学基金规划项目类别	国家自然科学基金项目类别
国家社会科学基金重大研究专项	青年科学基金项目
国家社会科学基金艺术学重大项目	优秀青年科学基金项目
国家社会科学基金教育学重大项目	国家杰出青年科学基金项目
国家社会科学基金"×××"重大专项	创新研究群体项目
国家社会科学基金"×××"专项	海外及港澳学者合作研究基金项目
国家社会科学基金冷门绝学和国别史专项	地区科学基金项目
国家社会科学基金中华学术外译项目	联合基金项目
	国家重大科研仪器研制项目
	基础科学中心项目
	应急管理项目
	数学天元基金
	外国青年学者研究基金项目
	国际（地区）合作交流项目

两类基金项目资助经费有差异，自然科学基金项目资助经费（平均）相对较高，如表2-4所示。

表2-4　国家社会科学基金项目与国家自然科学基金资助经费比较表

国家社会科学基金项目		国家自然科学基金项目	
项 目 名 称	资助经费（万元）	项 目 名 称	资助经费（万元）
国家社会科学基金年度项目（一般）	20～22	面上项目	57.5（平均）
国家社会科学基金年度项目（青年）		重点项目	293.8（平均）
国家社会科学基金年度项目（西部）		重大研究计划项目	190.11（平均）
国家社会科学基金后期资助项目		青年科学基金项目	30
国家社会科学基金重点项目	35		
国家社会科学基金艺术学年度项目	20～35	地区科学基金	34或86

续表

国家社会科学基金项目		国家自然科学基金项目	
项目名称	资助经费(万元)	项目名称	资助经费(万元)
国家社会科学基金重大项目	60～80	优秀青年科学基金	200
国家社会科学基金教育学年度项目	20～35	杰出青年科学基金	400
国家社会科学基金重大研究专项	60～80	创新研究群体项目	直接1000,间接200
国家社会科学基金艺术学重大项目	60～80	基础科学中心项目	6000
国家社会科学基金教育学重大项目	60	数学天元基金项目	20
国家社会科学基金"×××"重大专项	60	国家重大科研仪器研制项目	1000
国家社会科学基金"×××"专项	20	国际（地区）合作研究与交流项目	57.5（平均）
国家社会科学基金冷门绝学专项	60～80	联合基金项目	293.8（平均）
国家社会科学基金中华学术外译项目	40～60		

国家自然科学基金项目评审结束后，反馈评审专家们对国家社会科学基金项目申请书给出评审意见。

自然科学基金项目年度立项数量一般高于国家社会科学基金项目年度立项数量，如2020年国家自然科学基金项目资助面上项目为14 773项，重点项目为737项，重大项目为1项，重点国际（地区）合作研究项目为102项，青年科学基金项目为13 771项，优秀青年科学基金项目（含港澳）为625项，创新研究群体项目为37项，地区科学基金项目为2260项，部分联合基金项目（NSAF联合基金、天文联合基金和大科学装置科学研究联合基金）

为 180 项，合计 32 486 项。①2020 年国家社会科学基金项目立项年度项目、青年项目和西部项目共计 5125 项。② 国家社会科学基金项目要求申请人（已承担项目的申请人）收到上一个课题的结项证书后才能继续申报，国家自然科学基金项目则允许在未结项时继续申报新项目，只是控制总数量。所以，个人取得多项国家社会科学基金项目的数量要明显少于个人取得多项自然科学基金项目的数量。

两类课题的研究性质、方法有差异，如国家自然科学基金题目多是"基于××方法的×××研究"，相对更加注重研究方法选择和技术路线确定，以及研究方案（思路、方法、技术路线等）的设计。两类课题在国家社会科学基金项目申请书的写法要求、字数限制等方面也存在差异。

两类基金项目对申请人的要求有差异，如表 2-5 所示。

表 2-5 国家社会科学基金项目与国家自然科学基金项目申报申请人的要求比较表

	国家社会科学基金项目	国家自然科学基金项目
申请人的要求	具有独立开展研究和组织开展研究的能力	具有承担基础研究课题或者其他从事基础研究的经历
	具有副高级以上（含）专业技术职称（职务），或者具有博士学位	

---

① 重磅｜32486 项！2020 年度国家自然科学基金申请项目评审结果公布 [DB/OL]. [2021-01-09].https://baijiahao.baidu.com/s?id=1678083673692266289&wfr=spider&for=pc.
② 2020 年国家社科基金立项名单公示结果出炉！_项目 [DB/OL]. [2020-11-09].https://www.sohu.com/a/417593781_673573.

续表

	国家社会科学基金项目	国家自然科学基金项目
申请人的要求	不具有副高级以上（含）专业技术职称（职务）或者具有博士学位，可以申请青年项目，但年龄不得超过35周岁（1986年3月15日后出生）（以2021年度为例）	或者有2名与其研究领域相同，具有高级专业技术职务（职称）的科学技术人员推荐
		依托单位非全职聘用的工作人员作为申请人申请科学基金项目，应当在国家社会科学基金项目申请书中如实填写在该依托单位的聘任岗位、聘任期限和每年的工作时间
		正在攻读研究生学位的人员不得申请，但在职攻读研究生学位人员经过导师同意可以通过受聘单位作为申请人申请面上项目、青年科学基金项目和地区科学基金项目
	在站博士后人员均可申请，其中在职博士后可以从所在工作单位或博士后工作站申请，全脱产博士后从所在博士后工作站申请	在站博士后研究人员可以作为申请人申请面上项目、青年科学基金项目、地区科学基金项目和部分其他类型项目
课题组成员的要求	须征得课题组成员本人同意并签字确认	须征得课题组成员本人同意并签字确认
	可以吸收境外研究人员作为课题组成员参与申请	以香港、澳门的大学为依托单位的申请人仅能申请优秀青年科学基金项目（港澳）。受聘于依托单位的境外人员不得同时以境内申请人和境外合作者两种身份申请项目
申请单位的要求	在相关领域具有较雄厚的学术资源和研究实力；设有科研管理职能部门；能够提供开展研究的必要条件并承诺信誉保证	

续表

	国家社会科学基金项目	国家自然科学基金项目
申请单位的要求	以兼职人员身份从所兼职单位申报的，兼职单位须审核兼职人员正式聘用关系的真实性，承担项目管理职责并承诺信誉保证	

两类基金项目限报条件有差异，如表2-6所示。

表2-6　国家社会科学基金项目与国家自然科学基金项目限报情况比较表

国家社会科学基金项目	国家自然科学基金项目
课题负责人同年度只能申报一个国家社科项目，且不能作为课题组成员参与其他国家社会科学基金项目的申请	申请人同年只能申请1项同类型项目
课题组成员同年度最多参与两个国家社会科学基金项目申请	上年度获得面上项目、重点项目、重大项目、重大研究计划项目、联合基金项目、地区科学基金项目资助的项目负责人，本年度不得作为申请人申请同类型项目
在研国家级项目的课题组成员最多参与一个国家社会科学基金项目申请	申请人同年申请国家重大科研仪器研制项目和基础科学中心项目，合计限1项
在研国家社会科学基金项目、国家自然科学基金项目及其他国家级科研项目的负责人不能申请新的国家社会科学基金项目（结项证书标注日期在2021年3月15日之前，或在3月15日之前已向基金委办公室提交结项材料的，可以申请（以2021年度为例）	申请人同年申请国家重大科研仪器研制项目和基础科学中心项目，合计限1项

续表

国家社会科学基金项目	国家自然科学基金项目
申请国家自然科学基金项目及其他国家级科研项目的负责人同年度不能申请,其课题组成员也不能作为负责人以内容基本相同或相近选题申请	正在承担国际合作研究项目的负责人,不得作为申请人申请国际合作研究项目
申请当年教育部人文社会科学研究一般项目的负责人不能申请同年度国家社会科学基金项目	作为申请人申请和作为项目负责人正在承担的同一组织间协议框架下的国际合作交流项目,合计限1项
不得通过变换责任单位回避前述规定	
不得将内容基本相同或相近的申报材料以不同申请人的名义申请	
凡在内容上与在研或已结项的各类项目有较大关联的,须在国家社会科学基金项目申请书中详细说明所申请项目与已承担项目的联系和区别。凡以博士学位论文或博士后出站报告为基础申报国家社会科学基金项目,须在国家社会科学基金项目申请书中注明它们之间的联系和区别,且申请鉴定结项时须提交学位论文或出站报告原件	
不得以内容基本相同或相近的同一成果申请多家基金项目项	
不得以已出版的内容基本相同的研究成果申请国家社会科学基金项目	
凡以国家社会科学基金项目名义发表阶段性成果或最终成果,不得同时标注多家基金项目资助字样	

两类基金项目申报时间和完成时限有差异,如表2-7、表2-8所示。

表 2-7　国家社会科学基金项目与国家自然科学基金项目申报
　　　　时间情况比较表

国家社会科学基金项目	国家自然科学基金项目
课题申报时间为 2021 年 1 月 6 日至 2021 年 3 月 15 日（以 2021 年度为例）	课题申报时间为 2021 年 1 月 6 日至 3 月 20 日 16 时（以 2021 年度为例）

表 2-8　国家社会科学基金项目与国家自然科学基金项目完成
　　　　时限情况比较表

国家社会科学基金项目	国家自然科学基金项目
基础理论研究一般为 3～5 年	总体时间是 1～8 年
应用对策研究一般为 2～3 年	

两类基金项目申报和评审流程有差异，如表 2-9 所示。

表 2-9　国家社会科学基金项目与国家自然科学基金申报和评审流程比较表

国家社会科学基金项目	国家自然科学基金项目
纸质版提交单位	2021 年 1 月 15 日以后登录科学基金网络信息系统（以下简称信息系统），按照各类型项目申请书的撰写提纲及相关要求撰写申请书（以 2021 年度为例）
单位提交上级社科管理部门	申请人应根据资金管理办法及补充通知的有关规定认真编制《国家自然科学基金项目预算表》
提交到国社科工作办	申请人完成申请书撰写后，在线提交电子申请书及附件材料
通讯初评	
会议评审	
公示	
名单公布	4 月 29 日初审结果公布（以 2021 年度为例）

4. 国家社会科学基金项目和教育部人文社科基金项目

国家社会科学基金项目和教育部人文社科基金项目的级别不同。国家社会科学基金项目是"国家级"项目，在全国统一认定，没有例外。国家社会科学基金项目结项相对困难，体现出项目级别比教育部项目高。大多数学校将教育部人文社科项目划为省部级，也有少数学校认定为等同于国家级项目。国家社会科学基金项目的政策导向性明显，强调课题研究要满足国家现实需要，强化问题意识。教育部人文社科基金项目对国家现实需要也有所强调，且呈现逐年强化趋势，但更注重鼓励申请人在自己最为擅长的领域开展基础研究、应用研究。

国家社会科学基金项目有"课题指南"，教育部人文社科项目没有"课题指南"，申请人可围绕本次项目申报的指导思想，根据自身的研究基础和学术特长，自行拟定研究课题。

国家社会科学基金项目申报有省内初筛、函评和会评这三个环节，而教育部人文社科基金项目只有函评（匿名评审）一个环节。教育部人文社科基金项目的申报材料只要通过形式审查直接出省，然后进入函评环节，一旦函评通过（除非有违规申报和抄袭剽窃等问题，或者在公示环节被人举报查实），都会获批立项。教育部人文社科基金项目少了两个评审环节，唯一的函评环节是"双盲"进行的。

教育部项目近年来平均立项率比国家社科项目平均立项率低，并不能说明教育部项目比国家社科项目难度大，因为国家社科项目从2011年开始限项申报，教育部项目一直都不限项。所以谈立项率没有意义，两类项目比较的"分母"并不相同。国家社科的各项目类别的项目变化不大，只是国家社科重大项目立项数量近年来增长很快。教育部项目各项目类别中，青年基金项目的比例增长很快。这与高职称的人员中申报教育部项目的人相对减少,刚毕业的年轻博士申报教育部项目人数相对增加有关。

国家社会科学基金项目是国家级项目,目前一般项目和青年项目(包括西部项目)资助是20万～22万元,后期资助项目额度与此相同,重点项目资助35万元;而教育部人文社科基金项目属于省部级项目,目前规划项目资助10万元,青年项目资助8万元。国家社会科学基金项目课题"论证活页"中不得出现申请人个人信息,限制字数7000字;而教育部人文社科基金项目"A表"有两处限制字数,不得超过800字。"B表"中不得出现申请人个人信息,其中有三项限制页数,不能超过两页,第四项限制字数,不能超过800字。国家社会科学基金项目申请书和"论证活页"中没有明确体现课题组成员前期研究基础的地方,教育部人文社科基金项目申请书中在"A表"中有体现课题组成员前期研究基础的地方。教育部人文社科基金项目连续两年申请未获批准则第三年不允许申报。

需要注意的是:"**教育部人文社科基金一般项目和国家社会科学基金项目'同年度'不能同时申报。**"如2021年度国家社会科学基金申报说明中规定:"(4)申请2021年度教育部人文社会科学研究一般项目的负责人不能申请同年度国家社科基金项目"[①]。2013年之前,教育部人文社科基金项目和国家社会科学基金项目"同年度"是可以申报的。

两类基金项目资助经费对照,如表2-10所示。

---

① 2021年度国家社会科学基金项目申报公告—全国哲学社会科学工作办公室 — 人 民 网 [DB/OL]. [2021-01-07]. http://www.nopss.gov.cn/n1/2021/0106/c219469-31991309.html.

表 2-10 国家社会科学基金规划项目与教育部人文社科基金项目经费比较表

国家社会科学基金项目		教育部人文社科基金项目	
项目名称	资助经费（万元）	项目名称	资助经费（万元）
国家社会科学基金年度项目（一般）	20	规划基金项目	10
国家社会科学基金年度项目（青年）		青年基金项目	8
国家社会科学基金年度项目（西部）		自筹经费项目	0
国家社会科学基金后期资助项目		哲学社会科学后期资助项目	10
国家社会科学基金年度项目（重点）	35	专项任务项目	8
国家社会科学基金艺术学年度项目	20～35	中国特色社会主义理论体系研究专项	8
国家社会科学基金教育学年度项目	20～35	高校辅导员研究专项	8
国家社会科学基金重大项目	60～80	西部和边疆项目	8
国家社会科学基金重大研究专项	60～80	新疆项目	8
国家社会科学基金艺术学重大项目	60～80	西藏项目	8
国家社会科学基金教育学重大项目	60		
国家社会科学基金"×××"重大专项	60		
国家社会科学基金"×××"专项	20		
国家社会科学基金冷门绝学专项	60～80		
国家社会科学基金中华学术外译项目	40～60		

两类基金项目类型有差异，如表 2-11 所示。

表 2-11　国家社会科学基金项目与教育部人文社科基金项目类型比较表

国家社会科学基金项目	教育部人文社科基金项目
国家社会科学基金年度项目（一般）	教育部规划基金项目
国家社会科学基金年度项目（青年）	教育部青年基金项目
国家社会科学基金年度项目（西部）	教育部自筹经费项目
国家社会科学基金后期资助项目	教育部哲学社会科学研究后期项目
国家社会科学基金年度项目（重点）	
国家社会科学基金艺术学年度项目	
国家社会科学基金教育学年度项目	
国家社会科学基金重大项目	
国家社会科学基金重大研究专项	教育部专项任务项目
国家社会科学基金艺术学重大项目	教育部中国特色社会主义理论体系研究专项
国家社会科学基金教育学重大项目	教育部高校辅导员研究专项
国家社会科学基金"×××"重大专项	教育部新疆项目
国家社会科学基金"×××"专项	教育部西藏项目
国家社会科学基金冷门绝学专项	

两类基金项目申报学科有差异，如表 2-12 所示。

表 2-12　国家社会科学基金项目与教育部人文社科基金项目申报学科比较表

国家社会科学基金项目	教育部人文社科基金项目
马克思主义·科学社会主义	马克思主义·思想政治教育
党史·党建	哲学
哲学	逻辑学
理论经济	宗教学
应用经济	语言学
统计学	中国文学
政治学	外国文学
法学	艺术学
社会学	历史学

续表

国家社会科学基金项目	教育部人文社科基金项目
人口学	考古学
民族学	经济学
国际问题研究	管理学
中国历史	政治学
世界历史	法学
考古学	社会学
宗教学	民族学与文化学
中国文学	新闻学与传播学
外国文学	图书馆・情报与文献学
语言学	教育学
新闻学与传播学	心理学
图书馆・情报与文献学	体育学
体育学	统计学
管理学	港澳台问题研究
	国际问题研究
	交叉学科／综合研究

两类基金项目申报条件有差异，如表 2-13 所示。

表 2-13　国家社会科学基金项目与教育部人文社科基金项目申报条件比较表

	国家社会科学基金项目	教育部人文社科基金项目
申请人的要求	具有独立开展研究和组织开展研究的能力	必须能够实际从事研究工作并真正承担和负责组织项目的实施
	具有副高级以上（含）专业技术职称（职务），或者具有博士学位	规划基金项目申请人，应为具有高级职称（含副高）的在编在岗教师
	不具有副高级以上（含）专业技术职称（职务）或者具有博士学位，可以申请青年项目，但年龄不得超过 35 周岁（1986 年 3 月 15 日后出生）（以 2021 年度为例）	青年基金项目申请人，应为具有博士学位或中级以上（含中级）职称的在编在岗教师，年龄不超过 40 周岁（1981 年 1 月 1 日以后出生）（以 2021 年度为例）

续表

	国家社会科学基金项目	教育部人文社科基金项目
申请人的要求	在站博士后人员均可申请，其中在职博士后可以从所在工作单位或博士后工作站申请，全脱产博士后从所在博士后工作站申请	自筹经费项目申请人，须在《教育部人文社会科学研究一般项目申请评审书》（以下简称《申请评审书》）后附上学校财务处提供的委托研究单位经费到账凭证或银行回单等证明材料（电子版提交扫描件），同时填写《申请评审书》中的"其他来源经费"栏
课题组成员的要求	须征得课题组成员本人同意并签字确认	所列课题组成员必须征得本人同意，否则视为违规申报
	可以吸收境外研究人员作为课题组成员参与申请	
申请单位的要求	在相关领域具有较雄厚的学术资源和研究实力；设有科研管理职能部门；能够提供开展研究的必要条件并承诺信誉保证	全国普通高等学校申报
	以兼职人员身份从所兼职单位申报的，兼职单位须审核兼职人员正式聘用关系的真实性，承担项目管理职责并承诺信誉保证	

两类基金项目限报条件有差异，如表2-14所示。

表2-14 国家社会科学基金项目与教育部人文社科基金项目限报情况比较表

国家社会科学基金项目	教育部人文社科基金项目
课题负责人同年度只能申报一个国家社科项目，且不能作为课题组成员参与其他国家社会科学基金项目的申请	申请人限报1项

续表

国家社会科学基金项目	教育部人文社科基金项目
课题组成员同年度最多参与两个国家社会科学基金项目申请	在研的教育部人文社会科学研究各类项目负责人
在研国家级项目的课题组成员最多参与一个国家社会科学基金项目申请	所主持的教育部人文社会科学研究项目三年内因各种原因被终止者，五年内因各种原因被撤销者
在研国家社会科学基金项目、国家自然科学基金项目及其他国家级科研项目的负责人不能申请新的国家社会科学基金项目。结项证书标注日期在2021年3月15日之前，或在3月15日之前已向基金委办公室提交结项材料的，可以申请（以2021年度为例）	在研的国家社会科学基金各类项目、国家自然科学基金各类项目负责人，以上项目若近期已结项需附相关证明
申请国家自然科学基金项目及其他国家级科研项目的负责人同年度不能申请，其课题组成员也不能作为负责人以内容基本相同或相近选题申请	2021年度国家社会科学基金项目的申请人
申请当年教育部人文社会科学研究一般项目的负责人不能申请同年度国家社会科学基金项目	连续两年（指2019年度、2020年度）申请教育部人文社会科学研究一般项目未获资助的申请人，暂停2021年度申报资格
不得通过变换责任单位回避前述规定	
不得将内容基本相同或相近的申报材料以不同申请人的名义申请	
凡在内容上与在研或已结项的各类项目有较大关联的，须在国家社会科学基金项目申请书中详细说明所申请项目与已承担项目的联系和区别	
不得以内容基本相同或相近的同一成果申请多家基金项目	

续表

国家社会科学基金项目	教育部人文社科基金项目
凡以博士学位论文或博士后出站报告为基础申报国家社会科学基金项目,须在国家社会科学基金项目申请书中注明它们之间的联系和区别,且申请鉴定结项时须提交学位论文或出站报告原件	
不得以已出版的内容基本相同的研究成果申请国家社会科学基金项目	
凡以国家社会科学基金项目名义发表阶段性成果或最终成果,不得同时标注多家基金项目资助字样	

两类基金项目完成时限、申报时间有差异,如表2-15、表2-16所示。

表2-15 国家社会科学基金项目与教育部人文社科基金项目完成时限情况比较表

国家社会科学基金项目	教育部人文社科基金项目
基础理论研究一般为3～5年	一般项目的研究期限为3年
应用对策研究一般为2～3年	

表2-16 国家社会科学基金项目与国家自然科学基金项目申报时间情况比较表

国家社会科学基金项目	教育部人文社科基金项目
课题申报时间为2021年1月6日至2021年3月15日(以2021年度为例)	课题申报时间为2021年1月29日至3月29日(以2021年度为例)

两类基金项目申报和评审流程有差异,如表2-17所示。

表 2-17　国家社会科学基金项目与教育部人文社科基金
申报和评审流程比较表

国家社会科学基金项目	教育部人文社科基金项目
集中申报，不受理个人申报	集中申报，不受理个人申报
纸质版提交单位	通过申报系统上传《申请评审书》电子文档
单位提交上级社科管理部门	
提交国社科办	按要求提交1份带有负责人及成员签名、责任单位盖章的纸质申报材料，由申报单位统一寄送至社科管理咨询服务中心
通讯初评	通讯评审
会议评审	
公示	立项公布
名单公布	

另外，经管学科的老师还可以选择"教育部+自科"搭配申报。申请国家自然科学基金项目的申请人可以同时申报教育部一般项目，但在教育部一般项目批准立项前获得国家自然科学基金项目者视为在研项目，将取消教育部立项资格。

5. 各省（部）、市（州）、厅，各高校的社科类项目

各省（部）、市（州）、厅等都设立了相应的人文社科类项目申报，有些还设立了调研项目、招标项目等；各高校也都开启了"校立"社科类项目的申报工作。省社科项目由各省（自治区、直辖市）设立，主要研究本省（自治区、直辖市）哲学社会科学领域和经济社会发展的重大问题，由各省社会科学界联合会（简称社科联）下设的社会科学规划办公室负责，本省研究院（所）、高校、党校是主要申报单位，学科分类参照国家社会科学基金项目的学科评审组设置。申报单位是部属或省属高校的，实行省社

科规划办公室、项目负责人所在单位二级管理模式；申报单位是市属高校的，实行省社科规划办公室、市社科规划办公室、项目负责人所在单位三级管理模式。

市社科项目由各市（地区）设立，各市社科联下设的社会科学规划办公室负责，主要服务本市（地区）哲学社会科学领域和经济社会发展的重大理论和现实问题，本地区高校、党校是主要申报单位，学科分类参照国家社会科学基金项目略有删减，实行市社科规划办公室、项目负责人所在单位二级管理模式。一些县（区、市）设有社科联的，也依据自身要求，在省、市社科项目指导下，设有县（区、市）社会科学项目。

各省教育厅为了培育下属学校的社科研究力量、培育高水平社科项目，大多也设有社科项目，比如中青年教师教育科研项目，包含社科类、科技类，虽然名为"教育科研"，实质是社科项目。

校社科项目是各高校为培育社科研究力量、给青年教师创造研究机会和累积研究经验，对接市、省社会科学项目，在校级项目中设立的社科项目。校社科项目也有一定的经费资助，鼓励立项项目进行升级。

需要注意的是：上述各类课题在申报时会有一些限制，简称"限项规定"，申报时需依据限项说明确定；各类社科基金项目有"不同的侧重"，也有"不同的选题侧重"。

2.1.2 关于国家社会科学基金项目申报

国家社会科学基金项目申报对申请人自我价值和人生理想的实现具有重要作用。

申报课题的过程可以提高学术水平。为保证选题有新意，最大限度地避免重复申报，申请人需要认真查阅以往课题立项信息和《结项报告》，这可以提高学术水平和学术鉴赏水平。

做好前期研究基础准备工作，对学术水平进步有很大帮助。项目研究是有目的、有组织、按计划、分步骤进行的活动，课题研究成果可以是专著、译著、论文集、研究报告，也可以是工具书、软件等，还可以是上述形式的结合，这些都是课题组成员集体智慧的结晶，是对本学科基础理论的完善、发展与运用。国家社会科学基金课题立项也是考查学习经历与效果的最好标志。

申报国家级项目立项有助于发表高质量的学术论文。有人经常抱怨在核心期刊上发表文章难，其原因在于核心期刊上登载的大多是国家级项目的阶段性研究成果，这些成果经过了反复论证、潜心研究、一般处于前沿。通过对国内期刊2016—2019年发文数据的统计，可以发现基金论文比最高的前20名，共23本期刊（有并列期刊），主要集中于管理学、高校学报、经济学等，其基金论文比在89%以上，最高的是《管理现代化》，其基金论文比达99.5%，《管理现代化》2016—2019年期间几乎所有的论文都有基金支持。课题研究不仅能提升教师的学术水平，也能帮助我们在核心期刊上发表高质量论文。当然，申报国家级项目与发表学术论文是不一样的。发表论文是对普通高校教师科研能力的基本要求，是做课题研究的前提条件，是申报国家级课题的前期研究成果积累。这就形成了一个"悖论"：有高档次的论文为研究基础，立项国家级项目的概率就高，立项了国家级项目才有可能发表高档次的论文。

近年来，在对教师职称评定的科研能力认定中，国家级课题成果越来越受到重视。评定副高职称，除了要求发表高质量学术论文外，还要求有主持省部级课题研究并结项的学术经历；正高职称获准通过的必备条件是：要有主持国家级课题并结项的学术经历。[1]

要改变"课题申报能否成功，主要是潜规则在起作用"的错误认识。在课题申报中托熟人、找关系是学术不端行为的表现。即便靠关系赢得课题立项，也难以做出有创新性的研究成果。课题申报能否获准立项是由多种因素决定的，只有关系也难以立项。

要克服是为单位申报国家社科基金课题的错误想法。成功立项国家社会科学基金课题确实能为学校的学科、专业建设提供支持，但总体上讲，这是在为自己的学术生涯奠定基础。特别是在人才流动现象很普遍的今天，成功立项国家社会科学基金课题是重新选择更好的工作单位、改变生活环境的必要条件。

要改变"课题论证篇幅越长，水平越高"的错误认识。国家社会科学基金项目申请书活页限定8页面很有道理。有些申请人的课题论证的篇幅过长，看起来这似乎是一个技术问题，其实是一个认识问题。评审专家要的是"精"，而不是"多"。要做到文字凝练，严格控制国家社会科学基金项目申请书的字数。

要克服对国家社科基金课题申报的畏难情绪。国家社科基金课题申报难、研究难、结项难，使许多普通高校老师望而却步。要克服畏难情绪，确定研究目标和方向大胆申报。

"课太多，没有时间搞课题"是经常听到的不申报理由，所以要处理好日常教学与科学工作的关系。

要把科研当成一种生活方式，当成是生存的需要。课题研究是普通高校教师在工作中产生乐趣的最佳途径。教学工作再忙，也要抽出时间做课题研究。

要避免拿上一年的国家社会科学基金项目申请书不加修改继

---

[1] 来源于某省属高校的《职称评定办法解释》。

续申报的"投机"行为。普通高校教师存在的一个普遍情况是拿和去年（甚至更早）的选题和论证材料基本相同的本子连续申报，每年有60%左右未立项课题申请人下年度会继续申报，其中有40%以上选题与上一年基本相同，但这类申报材料的选题和论证总体上质量不太高。有人曾经说过："我今年装修房子时突然发现了四年前的一个未立项的申请书，今年又要申报了，我就把这个申请书又交了上去，结果没有想到真立项了"。这种说法很不负责任。我们多数人没有"其他资本"，只能选择适合自己的选题，修正国家社会科学基金项目申请书中的错误，来说服评审专家获得立项。

对没有立项的申请书，要重新思考、重新论证。

要用积极平和的心态面对评审。基金项目申请竞争激烈，优中选优，国家社科基金项目的平均资助率一般在15%左右，绝大多数申请项目都不会被立项。应积极与已获得资助的有经验同行讨论问题。也要从评审专家的角度思考问题，不断完善项目国家社会科学基金项目申请书，改进文字表述方式，争取下一次立项成功。

申请书要让内行感觉深刻，让外行能够理解。

2.2 国家社会科学基金项目评审基本程序

国家社会科学基金项目（活页）评审基本评价指标体系、评分标准和权重，如表2-18所示。

表 2-18　国家社会科学基金项目通讯评审意见表

评价指标	权重	指标说明	专家评分							
选题	3	主要考察选题的学术价值或应用价值，对国内外研究状况的总体把握程度。	10分	9分	8分	7分	6分	5分	4分	3分
论证	5	主要考察研究内容、基本观点、研究思路、研究方法、创新之处。	10分	9分	8分	7分	6分	5分	4分	3分
研究基础	2	主要考察课题负责人的研究积累和成果。	10分	9分	8分	7分	6分	5分	4分	3分
综合评价		是否建议入围	A. 建议入围　　B. 不建议入围							
备注										
评审专家（签章）：										

2.2.1　关于匿名通讯初评程序

国家社会科学基金所有学科全部实行匿名通讯初评，通讯初评专家实行随机抽选制度。专家根据统一的评估指标体系写出评审意见并给出评分，在规定的时限内返回评审意见。

匿名通讯初评计分方法是：评分时去掉一个最高分和一个最低分，取得分的平均值。并适度降低通讯初评进入会议评审的平均入围率。

国家社会科学基金项目评审设立了专家库，按学科划分各学科的评审组，同时抽取一定数量的成员参加会议评审。

2.2.2　关于会议评审程序

会议评审按专家主审、小组讨论推荐、大组讨论投票、签署意见等规定程序进行。

（1）专家主审。主审专家负责审阅并介绍所评课题内容及申请人的学术背景，并做出实事求是、客观公正的分析评价。介绍的主要内容包括选题的意义价值、论证的科学性与可行性、研究基础与研究实力、课题组基本构成等。

（2）小组讨论推荐。主审专家之外的小组成员要审阅本组的全部资料并发表意见，以协商或投票方式向大组推荐课题。小组推荐课题时集体酝酿讨论，发扬学术民主，避免门户之见。任何评审专家不得以个人名义向组长推荐课题。

（3）大组讨论投票。小学科可以设一个大组。超过120个评审课题的学科，可根据实际情况分成若干讨论投票组。参加讨论投票的专家，对本组的立项申请书都要审阅。投票要2/3以上通过。未达到2/3以上票数的可进行第二轮投票，仍未达到规定票数的不再进行第三轮投票。投票不能采取举手表决方式。学科秘书不能替代专家填写、填划投票表。学科秘书现场收票、唱票、计票，评审专家代表监票，当场宣布投票结果和得票数。投票汇总结果由学科正、副组长和学科秘书签字后有效。

（4）签署意见。投票通过的课题，由主审专家和学科组长分别在国家社会科学基金项目申请书内签署立项意见和建议资助金额。确定项目资助强度时，主要考察选题性质、研究内容、研究方法、研究难度、有无调研任务等因素，并向老、少、边、穷地区倾斜，区分情况、拉开档次，尽量做到科学、合理，不搞"一刀切"。

2.2.3 关于重点项目、自选项目、非共识项目和跨学科项目的评审程序

（1）重点项目的评审坚持"质量第一、宁缺毋滥"的原则，如论证质量达不到要求，可少评或不评。重点项目根据选题分量、论证质量、研究价值、承担实力等因素综合确定，不受申请的项目类别限制。一般项目和青年项目如确实达到重点项目的标准，也可以评为重点项目。具体评审时，重点项目和一般项目、青年项目进行混评，所有建议立项的课题产生后，再专门讨论重点课题。

（2）自选项目是指选题不在《课题指南》条目范围之内、自行设计的选题，但必须符合《课题指南》的指导思想和基本要求。自选项目在评审程序、评价标准、资助强度和立项比例上与非自选项目同等对待。

（3）非共识项目是指创新性、探索性较强，专家意见分歧较大的课题。对未建议立项的非共识课题，可由三名及以上专家以书面方式联名提请复议，并经学科评审组二分之一以上出席成员多数通过，并严格控制申请复议的课题数量。

（4）跨学科项目的申请课题在为主学科中进行评审。如涉及学科较多，为主学科专家感到标准不易把握，可提交综合学科评审组。不能以跨学科申报为由轻易淘汰。需要跨组征求意见时，由相关学科组长负责协调。

在使用立项指标时，青年项目指标不得用于一般项目，一般项目指标如有剩余可以用于青年项目。

第3章

国家社会科学基金项目选题与题目

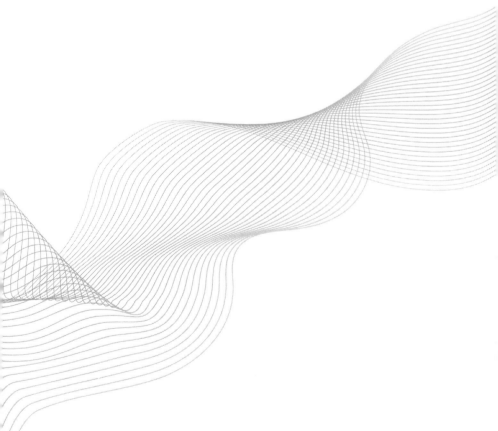

"选题是成败的关键。"(杜为公,2008)

"题目是点睛之笔。"(杜为公,2008)

"提出问题要比解决问题更困难、更重要。"(杜为公,2008)

——《老杜金句》摘句(国家社科基金项目申请)

3.1 选题、题目的作用

3.1.1 选题是成败的关键

选题是寻求课题大致研究问题、方向、范围、对象的动态反复的过程。

选题是选择的研究问题从"模糊"到"清晰"的过程,是选择的研究方向从"分散"到"聚集"的过程,是选择的研究范围从"发散"到"收敛"的过程,是选择的研究对象从"宽泛"到"精准"的过程。

选题可能是关注一个群体、一个事件或是一个问题,确定研究的基本范畴,或大致的研究方向。选题是将感知到的社会经济现象转化成学术问题,并用学术语言表达,这个学术问题在现实和理论中都重要。

一般认为,国家社科基金项目申请一定要遵守"问题导向"

原则，是先发现了问题再开始研究的。但国家社科基金项目立项要求具备相关的研究基础，所以在申报的实际操作中，是先确定选题，然后根据选题去寻找现实经济、社会中存在的问题。再查阅文献研读学者们对解决问题的讨论，从研究对象、研究内容、研究思路、研究方法、研究结论等方面寻找需要改进之处（问题）。最后根据自己的研究基础，确定自己准备解决的、有能力解决的、有限的研究目标（解决问题）。

国家社会科学基金项目选题要"着眼于重大的理论和现实问题，而不是一般的理论和现实问题。基础研究着眼于理论创新，应用研究着眼于有用、可用、好用"。

选题需要符合国家主流意识形态，服务于国家战略发展目标。

选题要高度重视指导思想，特别是政治倾向的问题。

选题过程的终点是形成"题目"。

如笔者 2016 年国家社科基金项目"农民工家庭'链式迁移'与城市接纳方式研究"（批准号：16BJY102）的选题，经历了"城镇化""农业剩余劳动力转移""农民工""农民工家庭""农民工城市迁移""农民工家庭城市迁移"到"农民工家庭链式迁移"，最后逐渐接近"题目"的反复过程。

如笔者 2020 年国家社科基金重点项目"我国贫困治理组合政策中长期效果评估研究"（批准号：20AJY013）的选题，经历了"贫困问题""扶贫""贫困治理""贫困治理政策""贫困治理组合政策""贫困治理政策效果评估""贫困治理组合政策效果评估""贫困治理组合政策长期效果评估"到"贫困治理组合政策中长期效果评估"，最后逐渐接近于"题目"的反复过程。

从选题可以基本判断出申请人的学术水平。选题是对申请人基本学术素养的考查，是对申请人个人判断能力、自我认识能力的考查。

领导讲话为选题指明了研究方向。但领导讲话不是确定选题的唯一理由，因为还有很多因素决定了选题，如对当前研究现状的认识、对其他研究者相关研究过程、提出结论正确性的判断，申请人的研究基础、研究能力，等等。

3.1.2　题目是点睛之笔

选题确定后，就要开始思考、凝练题目。

题目是对课题内容的高度浓缩，题目用词要"精练""准确"。

评阅申报书，评审专家的第一眼看到的就是题目，题目的水平直接影响评审专家是否有兴趣深入细致阅读申报书的后续内容。题目是对课题所研究问题的简练总结，要做到准确、规范和简洁。准确就是要把课题研究内容、研究对象交代清楚；规范就是所用的词语、句型要规范、科学；简洁就是指题目应高度概括研究内容，一般不超过24个字。题目要紧扣研究主题，表达中心思想。要能够从一个题目中看到课题的潜在应用前景、研究目标、研究的内容及可行性，评审专家一看题目，就能够知道研究对象、研究内容、研究方法和研究目标。

要充分发挥题目对立项成功的重要作用，选择一个简洁而有"吸引点"的题目。

有成功立项的申请人在总结如何确定题目时认为：好的题目要有"时代性""现实性""前瞻性"。这些话太原则，读后仍然不知道如何确定题目，但可以成为我们确定"好题目"的标准，可用于对已经确定题目"正确程度"的判断。

一般认为，题目要能够明确（或隐含）表达如下内容：（1）专业（学科）明确；（2）研究问题明确；（3）研究目标明确；（4）体现研究方法；（5）有"吸引点"；（6）超出评审专家的预期。

题目中要少用或不用你不真正了解的词，如大家经常看到、听到的"创新、机制、协同、耦合"等,这些词我们都大约知道是什么意思但又不确切知道。做学术研究的人一定要避免出现一些听起来特别宏大,其实毫无实际意义的词。

3.2 确定选题的过程与要求

3.2.1 根据研究基础确定选题

"立项不是让我们去讲一个新故事,而是让故事有一个完美的结局。"

选题要与研究基础严格对应。看到了一个好选题,但没有研究基础,那么这个选题就不能选择,那是"别人家的选题"。研究基础涉及申请人所学专业、长期研究领域情况,要与申请人前期成果"关键词"之间对应或相近。要分析基础成果种类(论文、著作、调研报告、提案)齐全情况。要分析申请人对选题领域的熟悉情况,包括相关领域的理论基础(学说史、比较研究)、研究方法(数据处理方法)、得到基础数据(官方、公认)的可行性途径等。对以上"研究基础"的综合评价决定了选题。

"选题一定要与我们的专业对应"。不要在业余爱好的学科选题,无论对业余爱好多痴狂,别人总会认为你是一个门外汉,比不上专业人员。

"选题要与已有成果的研究领域基本对应"。已有成果"关键词"与选题关键词要基本对应或相近,证明申请人已经长期从事选题领域的研究。

"基础成果类型要齐全"。一般需要有论文、著作、调研报告、提案等。有论文说明能运用现代研究方法进行研究，与国际研究范式接轨；有著作说明对问题进行了比较系统、整体、全面的研究；有调研报告说明了解国情，特别是对选题中涉及的问题在现实中的表现有了解；有提案被政府采纳说明申请人不只是会在书本上做学问，还能提出被政府接受、采用的对策建议。

选题时需要认真思考的是：对选题研究领域的理论基础（学说史、比较研究）是否熟知？对选题研究领域的研究方法（数据处理方法）是否熟知？是否具有得到基础数据（官方公认数据、田野调查数据）的途径？这些都是最终确定选题的基本条件。

上面的研究基础成果都具备才算有了完美的基础。

没有前期研究成果，评审专家会质疑申请人的研究能力，立项的可能性就小。**但也不能因为没有前期成果就不敢申报，否则我们永远没有竞争力。**

3.2.2 依据《课题指南》确定选题

年度《课题指南》是当年选题的导向。国家社会科学基金课题（其他各类社科课题）一般是年度课题，是国家（或研究机构）认为当年最需要研究的主要问题。《课题指南》突出了前瞻性、时效性、对策性。

《课题指南》一般在上一年度 12 月中旬发布。《课题指南》中带"*"号的课题应按原题申报，一般不受理自选课题。

《课题指南》是由管理单位向全国范围征集选题后汇总、评估、确定、公示的，如近期正在征集 2021 年度国家社会科学基金艺术学重大项目招标选题。①

《课题指南》中指出了包括基础研究选题和应用研究选题的方向，选题的文字表述大小合适，不太宽泛也不太细碎。基础研究"一般跟踪国内外学术发展与学科建设的前沿和动态"，应用研究"结合国家决策中面临的重大现实问题"。

笔者对2008—2020年的实际数据进行统计，立项题目与《课题指南》完全一致的约占立项总数的15%。

立项课题题目不脱离《课题指南》，但只是着重研究其中的某个侧面、某个角度的约占立项总数的80%。说明不脱离《课题指南》的前提下，选题的空间和自由度是比较大的。此类立项选题的特点是：提出了前人未曾研究或很少研究的问题，选题在理论上或实践上有重要的价值；重点突出，以利于深入研究。

立项课题题目是《课题指南》中没有提到的，约占立项总数的5%，此类立项可以看成是特例，是对《课题指南》的补充。

笔者也提供过各级课题选题，但一般都是按照自己感觉最重要的、自己已经有了研究基础的方向提供选题。所以一般不建议选择《课题指南》特别明确的选题，因为早已经有人开始准备了。可以从《课题指南》"方向性指示"中确定选题，从《课题指南》"范围性指示"中选题（详细情况会在后续成功的案例分析中解释）。②

《课题指南》除明确指出当年的选题导向外，我们比较近两年《课题指南》对同样的重点问题在描述上的差异、同样重点领域研究重点的差异，可以知道国家政策导向的关键性转变，这也是选题"求新"的关注重点。这种比较并不复杂，因为只需要比

---

① 社科院关于征集2021年度国家社科基金艺术学重大项目招标选题的通知[DB/OL]. [2020-12-09].https://rwsk.zju.edu.cn/2020/1123/c28727a2219050/page.htm.

② 详见本书第4章的各节内容。

较申请人关心的领域选题,一般不会超过二十条。将这些选题放在一起认真分析思考,就可以得出结论。

对于在近年中同样出现的选题,可以认为问题仍然重要、仍然没有解决,也可以认为是选题的信号。

2020—2021年度国家社会科学基金项目《课题指南》中部分学科"三农"选题、关键词比较,如表3-1所示。

表3-1 2020—2021年度《课题指南》中"理论经济、应用经济"学科"三农"选题比较表

	2020年度"三农"相关选题	2021年度"三农"相关选题
理论经济与应用经济	*50.中国历史上地区农业生产组织与农业资本化研究 *64.发展农产品贸易与稳定国内物价的互动机制研究 *10.建立健全城乡融合发展体制机制研究 92.健全城乡融合发展体制机制研究 93.乡村治理体系与治理能力现代化研究 *31.农村集体经济发展路径研究 *32.志愿服务助力乡村振兴研究 *33.脱贫攻坚与乡村振兴的政策衔接研究 *34.加快城乡要素自由平等流动研究 *35."三权分置"改革背景下农村土地与金融融合发展机制与路径研究 *36."三权分置"下的妇女权益保障研究	*31.乡村振兴与户籍改革协调研究 *79.数字经济环境下的农村现代化和城乡融合研究 99.构建中国特色城乡融合发展新格局的政治经济学研究 100.新时代新型工农城乡关系的政治经济学分析 108.乡村振兴背景下土地制度改革问题研究 113.土地制度变革对经济发展影响研究 *31.新发展阶段稳固农业基础地位的战略对策研究 *35.推动脱贫战略与乡村振兴有效衔接研究 *36.保障粮食安全推进东北地区农业现代化问题研究 *38.新发展阶段扩大内需与城乡居民消费升级研究

第 3 章 国家社会科学基金项目选题与题目 47

续表

	2020 年度"三农"相关选题	2021 年度"三农"相关选题
理论经济与应用经济	*37. 我国农村土地流转方式比较研究 *38. 乡村振兴战略下农村妇女参与乡村发展研究 83. 农村生态治理体系研究 84. 新形势下保障我国粮食生产安全的长效机制与对策研究 85. 新型城镇化背景下乡村聚落发展趋势研究 86. 贫困山区农户生计转型及生态环境效应研究 87. 农民工返乡创业对乡村振兴的作用研究 86. 贫困山区农户生计转型及生态环境效应研究	46. 推动现代服务业同先进制造业、现代农业深度融合研究 51. 实施乡村建设行动研究 89. 缩小城乡区域发展问题研究 90. 缩小城乡收入分配差距问题研究 100. 现代农业可持续内生发展研究 101. 农地经营模式创新研究 102. 数字乡村与现代农业融合发展研究 103. 我国发展农村集体经济的有效途径研究 116. 智慧农业问题研究 117. 完善粮食主产区利益补偿机制研究
关键词	农业资本化、农产品贸易、城乡融合发展、乡村治理体系、农村集体经济、乡村振兴、脱贫攻坚与乡村振兴城乡要素、农村土地、"三权分置"、农村土地流转、农村妇女、农村生态治理、粮食生产安全、乡村聚落发展、农户生计、农民工返乡创业	农村现代化、城乡融合、新型工农城乡关系、乡村振兴、土地制度、农业基础地位、粮食安全、现代农业、现代农业可持续内生发展、农地经营模式、数字乡村、农村集体经济、智慧、农业粮食主产区

表 3-2　2020—2021 年度《课题指南》中"管理学"
学科"三农"选题比较表

	2020 年度"三农"相关选题	2021 年度"三农"相关选题
管理学	*15. 农用化学品施用量低于国家施用标准的生态补偿方案研究	*1. 脱贫攻坚与乡村振兴有效衔接模式及实现路径研究 *6. 乡村振兴背景下的新型城乡关系构建研究

续表

	2020年度"三农"相关选题	2021年度"三农"相关选题
管理学	*19.提高地方政府和村民自治组织在农村环境治理中的互补性的研究 52.农民工的工作价值观代际差异研究 69.新时代乡村振兴战略研究 72.农业资源使用权流转对我国粮食安全的影响研究 73.发挥牧区和农区两个生产体系互补性的策略研究 84.城乡基层社会治理共同体建设研究 90.城乡一体化发展体制机制研究	*7.我国乡村振兴的动力变革及促进机制研究 *8."十四五"时期多层次公共医疗卫生服务体系构建及运行效率研究 38.电商下行与农产品上行的治理机制研究 61.农村集体建设用地入市的制度设计和政策保障研究 62.宅基地"三权分置"及实现路径研究 63.耕地红线保护核查及耕地质量保障政策变革研究 64.耕地保护生态补偿制度优化研究 67.城乡居民就业质量提升与收入分配结构优化研究 75.农村电商创业生态系统运行机制与优化路径研究 76.乡村振兴背景下的企业参与问题研究 77.农业产业链融资机制及风险治理研究 78.返乡创业赋能乡村产业振兴的长效机制与政策研究 79.乡村振兴背景下家庭农场可持续创业机理研究 80.乡村振兴背景下"景村融合"模式研究 81.基于政企农协同的绿色农业发展机制和实现途径研究 82.农产品区域公用品牌生态系统演化路径、机理及制度供给研究 83.农产品冷链流通的高质量发展研究 85.禀赋异质性视域下农业基础设施契约治理研究 86.中非农业产能合作的区域产业链建构与中国农业走出去研究

续表

	2020年度"三农"相关选题	2021年度"三农"相关选题
管理学		87. 劳动力就业极化对农村地区家庭教育投资影响研究 89. 不确定性背景下的我国宏观经济与农产品期货异质性风险传染研究 90. 粮食生产安全背景下农业全要素生产率收敛性及影响机理研究 91. 乡村产业振兴中用地保障机制与实现途径研究
关键词	农用化学品、生态补偿、村民自治组织、农村环境治理、农民工、乡村振兴战略、农业资源使用权流转、粮食安全、牧区和农区生产体系、城乡基层社会治理、城乡一体化发展	脱贫攻坚与乡村振兴、新型城乡关系、乡村振兴的动力变革、农产品、农村集体建设用地、宅基地"三权分置"、耕地红线、耕地保护、农村电商、农业产业链、返乡创业赋能、家庭农场、景村融合、政企农协同、农产品、农业基础设施、中国农业走出去、农村地区家庭教育投资、农产品期货、粮食生产安全、用地保障

表 3-3 2020 年度《课题指南》中"理论经济、应用经济"学科"三农"选题与立项比较表

学科	指南选题	立项题目
理论经济与应用经济	*50. 中国历史上地区农业生产组织与农业资本化研究 *64. 发展农产品贸易与稳定国内物价的互动机制研究 *10. 建立健全城乡融合发展体制机制研究	"产业链、供应链、价值链"协同的农业高质量发展路径研究；多边贸易规则下我国农业"两区"绿色补偿机制设计及优化研究；公共品供需匹配视角下农业转移人口社会融合及其经济效应研究；互联网条件下农业产业集群发展模式、效应评估与升级路径研究；基于区块链的农业供应链信用管理体系研究；基于主体响应的农业面源污染多元治理模式研究；粮食安全责任、财政事权与农业保险保费补贴优化路径研究；绿色农业补贴的污染减排效应评估与政策优化研究；命运共同体视域下中非粮食安

续表

学科	指南选题	立项题目
理论经济与应用经济	92. 健全城乡融合发展体制机制研究 93. 乡村治理体系与治理能力现代化研究 *31. 农村集体经济发展路径研究 *32. 志愿服务助力乡村振兴研究 *33. 脱贫攻坚与乡村振兴的政策衔接研究 *34. 加快城乡要素自由平等流动研究 *35. "三权分置"改革背景下农村土地与金融融合发展机制与路径研究 *36. "三权分置"下的妇女权益保障研究 *37. 我国农村土地流转方式比较研究 *38. 乡村振兴战略下农村妇女参与乡村发展研究	全与农业产能合作研究；农业补贴对环境效率的影响机制与政策优化研究；农业生产性服务业专业化发展的动力机制与实现路径研究；区块链技术与农业深度融合的路径研究；特色农业减贫的长效机制、效应评价及对策研究；小农户融入农业绿色发展的行为响应、动力机制及政策优化研究；新冠肺炎疫情影响下中美农业发展态势问题研究；新时期农业转移人口土地承包权退出引导制度评估及路径优化研究；长江经济带农业绿色效率的测度评价、影响机制与提升路径研究；组织化与市场化比较视角下小农户与现代农业衔接路径研究；财政金融协同支持农村集体经济发展研究；"三权分置"改革背景下农村土地与金融融合发展机制与路径研究；滇桂黔集中连片脱贫地区新型农村集体经济发展路径研究；乡村振兴战略下我国农村建筑市场治理改善研究；农村土地托管风险的生成路径、演变规律及控制方案研究；农村妇女参与电商经济的路径及赋权问题研究；多维异质性视角下农村人力资本促进乡村振兴的机制、效应及路径研究；"新基建"背景下中国农村普惠金融发展对策研究；不确定性视角下农村普惠金融创新发展减缓相对贫困的长效机制研究；农村普惠金融市场竞争风险的生成机制与防范对策研究；贫困脆弱性视角下我国农村居民健康投资减贫长效机制研究；基于家庭账户收支信息甄别的农村深度贫困区域估计诊断与治理研究；农村电商推进相对贫困治理机制及政策研究；"人业地"视角下的农村返贫风险评估和多维预警研究；信息沟壑约束下数字普惠金融缓解农村相对贫困的长尾效应研究；西部农村地区信用体系发展的减贫效应研究；风险测度、农户增信与农村普惠金融优化研

续表

学科	指南选题	立项题目
理论经济与应用经济	83. 农村生态治理体系研究 84. 新形势下保障我国粮食生产安全的长效机制与对策研究 85. 新型城镇化背景下乡村聚落发展趋势研究 86. 贫困山区农户生计转型及生态环境效应研究 87. 农民工返乡创业对乡村振兴的作用研究 86. 贫困山区农户生计转型及生态环境效应研究	究；近代华北农村合作经济研究（1923—1949）；长江经济带绿色发展理念下农民工生计适应及保障机制研究；金融素养对农民工返乡创业的影响研究；政府支持对农民专业合作社发展的影响与政策调适研究；传统劳务输出大省农民工返乡创业与乡村振兴互动机制研究；农民工返乡创业助推乡村振兴的有效模式与路径优化研究；基于供需两侧视角的农民工返乡创业质量测度及提升策略研究；城乡融合背景下支持农民转型发展的普惠金融对策研究；包容性视角下乡村旅游产业对农民收入影响研究；乡村振兴与新型城镇化的制度冲突与协调推进研究；数字乡村建设驱动农村经济高质量发展的机理、效应评价与路径优化研究；乡村振兴背景下城乡收入差距的空间异质性及对策研究；中国乡村水利治理体系现代化理论与路径研究；数字普惠金融促进乡村产业振兴的模式创新与政策研究；基于人口黏性的乡村规模优化研究；虚拟集聚背景下服务乡村振兴的金融包容体系重构研究；乡村振兴战略下我国农村建筑市场治理改善研究；乡村振兴战略背景下农户宅基地退出的成本测度与补偿政策优化研究；乡村振兴战略下农户宅基地退出的成本测度与补偿政策优化研究；传统劳务输出大省农民工返乡创业与乡村振兴互动机制研究；农民工返乡创业助推乡村振兴的有效模式与路径优化研究；多维异质性视角下农村人力资本促进乡村振兴的机制、效应及路径研究；基本公共服务视域下精准扶贫与乡村振兴有机衔接体制机制研究；乡村振兴视域下六盘山连片特困区脱贫户稳定增收长效机制研究；相对贫困治理与乡村振兴的政策衔接研究；乡村治理现代化视域下新疆精准扶贫的长效机制研究；少数民族地区乡村旅游发展的妇女生计资本效应及增进路径研究；包容性视角下乡村旅游产业对农民收入影响研究

表 3-4　2020 年度《课题指南》中"管理学""三农"选题与立项比较表

学科	指南选题	立项题目
管理学	*15. 农用化学品施用量低于国家施用标准的生态补偿方案研究 *19. 提高地方政府和村民自治组织在农村环境治理中的互补性的研究 52. 农民工的工作价值观代际差异研究 69. 新时代乡村振兴战略研究 72. 农业资源使用权流转对我国粮食安全的影响研究 73. 发挥牧区和农区两个生产体系互补性的策略研究 84. 城乡基层社会治理共同体建设研究 90. 城乡一体化发展体制机制研究	农业绿色发展背景下促进多元主体种养结合的机制设计研究；"区块链＋供应链"融合治理下农业供应链融资信任机制研究；环境、社会、治理信息披露与农业企业高质量发展关系研究；新型农业经营主体带动小农户融入农业产业链能力研究；农业经营主体多元化背景下农用化学品减量施用的生态补偿标准研究；农业生物技术产业知识产权许可策略及风险预警研究；互联网背景下农业产业组织模式创新及实现路径研究；基于多主体协同的南水北调中线工程核心水源地农业非点源污染治理机制与路径研究；农业面源污染协同治理中的政农互动机理及政策优化研究；乡村振兴背景下农村宅基地流转梗阻及其治理研究；乡村振兴战略下农村电商直播创业模式及生态体系建设研究；农村宅基地产权制度改革的福利效应与政策优化研究；善治理念下农村建设用地市场化改革研究；"三权分置"改革背景下新疆农村土地与金融融合发展机制与路径研究；数字乡村战略下我国农村电商集群持续发展的机理、路径及效果研究；农村幸福院互助养老服务质量评价研究；中国农村创新创业政策图谱解析与体系优化研究；风险社会视域中农村治理现代化研究；同伴效应视角下农村留守儿童福利问题研究；提高农村居民幸福感的基本公共服务供给改革研究；乡村振兴战略背景下电商下沉与农产品上行互动耦合发展研究；乡村振兴下农业废弃物回收供应链网络协同配置及激励机制研究；企业参与乡村振兴的行动逻辑及调适策略研究；文旅融合驱动乡村振兴的长效机制研究；数字乡村战略下我国农村电商集群持续发展的机理、路径及效果研究；乡村优质教育可及性与实现机制研究

表 3-5　2020 年度《课题指南》中部分学科"三农"选题表

学　　科	指　南　选　题
党史・党建	67. 新时代农村基层党组织建设研究
社会学	*1. 新中国 70 年农村集体产权与乡村社会变迁研究 *2. 乡村振兴与新型城镇化融合发展研究 *3. 资本下乡与乡村振兴的社会政策研究 *4. 新型职业农民发展研究 *5. 农民工家庭化迁移研究 *6. 乡村人居环境的人类学研究 *7. 农业文化遗产保护与发展的社会学研究 *8. 农村互助养老的社会基础、实践困境和发展路径研究 *9. 现阶段我国城乡相对贫困标准制定研究 *10. 沿边地区农村移民与边疆社会稳定研究 *11. 我国牧区基层社会治理研究 *31. 城市化进程中农民工子女的代际流动研究 *67. 中国城市农村婚礼及其经济文化内涵研究 77. 城乡基层社会治理新格局的理论建构与实践探索研究 87. 精准扶贫与全面小康时代乡村振兴研究 88. 全面小康社会城乡贫困新趋势与贫困新战略研究 89. 新时代中国农业现代化的社会学研究 90. 新中国乡村社会变迁史研究 112. 乡村振兴与农村社会工作研究
人口学	*5. 县域人口流动与再分布研究 *6. 乡村振兴背景下的农村人口聚集模式研究 *7. 乡村振兴背景下新生代农民工返乡创业研究 *8. 区域一体化背景下人口流动格局及演化研究 *10. 流动人口经济行为研究 *13. 农村留守儿童多维健康的影响研究 *17. 城乡老年人家庭非正式照料及政策支持研究 *19. 农村留守儿童和妇女、老年人关爱服务体系研究 36. 人口迁移流动与人口集聚研究 37. 城镇化背景下农民工市民化研究

续表

学　　科	指南选题
人口学	36. 人口迁移流动与人口集聚研究 37. 城镇化背景下农民工市民化研究 46. 乡村振兴战略与农村人口问题研究
民族学	41. "三区三州"脱贫攻坚典型案例与经验研究（以县、乡级为例） 55. 民族地区"撤村并镇"与美丽乡村建设的特色研究 56. 少数民族地区乡村振兴与供销合作体制研究 57. 少数民族农牧民专业合作社典型调查研究
中国历史	49. 近代中国城乡关系研究 59. 当代农村基层社会史资料的收集、整理与研究
宗教学	59. 城镇化与新农村建设中的宗教问题研究
图书馆·情报与文献学	*8. 基层图书馆为返乡农民工服务的问题与对策研究
体育学	71. "乡村振兴战略"与乡村体育发展研究 75. 乡村振兴与农民体育发展研究
政治学	*101. 健全党组织领导的自治、法治、德治相结合的城乡基层治理体系研究

表3-6　2021年度国家社会科学基金项目《课题指南》中部分学科"三农"选题表

学　　科	指南选题
社会学	*5. 我国传统村落文化保护的社会学研究 *6. 互联网应用与欠发达地区农村社会发展研究 *7. 乡村振兴背景下农村社区组织体系建设、产业发展和转型升级、社会工作等问题研究 *8. 新时代中国农村家庭婚姻问题研究 *10. 精准扶贫后农村相对贫困治理研究 *32. 农民工返乡创业与乡村振兴的联动机制研究 *33. 互联网时代农民工"零工经济"的社会保护研究 *66. 青藏高原农牧区乡村振兴路径探索研究 80. 乡村治理现代化研究

续表

学　科	指　南　选　题
社会学	81. 新发展阶段城乡相对贫困问题治理研究 82. 乡村振兴的社会支持体系研究 83. 乡村振兴与新型城镇化融合发展研究 84. "十四五"时期我国农民工的劳动转移和就业方式研究
人口学	*15. 乡村振兴背景下积极应对农村人口老龄化研究 33. 农民工社会融合研究 40. 农民工养老问题研究
民族学	26. 西部地区农牧民相对贫困问题研究 27. 西部地区农村牧区养老、医疗社会保障问题研究 41. 汉族方言区农村普通话推广经验与问题调查研究
中国历史	11. 中国史前农业化进程研究 25. 中国历代农民起义中的民生问题与官民关系研究 45. 近代农民战争与社会变迁研究
语言学	20. 中国农村语言生活的调查与研究
新闻学与传播学	52. 直播带货与农村精准扶贫效果研究 54. 农村地区自媒体短视频生产及其作用和影响研究 78. 数字农家书屋的建设模式的现实逻辑及路径探索研究

比较后，对"三农"问题的选题结论如下。

主要关键词：脱贫攻坚与乡村振兴、新型城乡关系、乡村振兴的动力、农产品、农村集体建设用地、宅基地"三权分置"、耕地红线、耕地保护、农村电商、农业产业链、返乡创业、家庭农场、景村融合、政企农协同、农产品、农业基础设施、中国农业走出去、农村地区家庭教育投资、农产品期货、粮食生产安全、用地保障。

与笔者研究接近的选题大约如下。

（1）巩固和拓展脱贫攻坚成果；推进乡村振兴；农业农村现代化；脱贫过渡期帮扶政策稳定问题。

（2）防止返贫动态监测和帮扶机制；易返贫致贫人口常态

化监测；收入水平变化；脱贫地区产业帮扶；易地搬迁后续扶持；多渠道促进就业；基础设施和公共服务；社会管理。

（3）粮食安全；粮食安全主动权；耕地保护制度；高标准农田；农业科技自立自强；农民种粮积极性；种粮农民补贴；收储调控能力；最低收购价政策；成本和收入保险；品种培优、品质提升、品牌打造和标准化。

（4）发展乡村产业；社会主义精神文明建设；农村生态文明建设；深化农村改革；乡村建设行动；城乡融合发展；乡村治理。

笔者根据《课题指南》中的方向性选题"自然灾害"方向，立项了 2008 年国家社会科学基金项目"自然灾害经济损失评估方法比较研究——基于我国 2008 年暴雪灾害的理论"（批准号：13FJY007），如图 3-1 所示。这个选题也同时考虑了笔者的研究基础，如 2002 年国家社会科学基金项目"战争的经济承受力研究"（批准号：02EJY002）研究过程中形成的成果都是作为研究基础使用的。

国家社会科学基金项目 2009 年度课题指南

民族问题研究

10. 少数民族地区应对重大自然灾害的能力及其社会管理研究

哲学

23. 自然灾害问题的哲学研究

政治学

36. 重大自然灾害和突发事件应急和救济机制研究

中国历史

19. 历代王朝面对自然灾害时的危机管理与对策研究

20. 明代以来特大地震灾害及社会影响研究

图 3-1　《课题指南》中"自然灾害"相关部分选题

笔者根据《课题指南》中的范围性选题"经济学的新发展"（见图 3-2）立项了 2004 年国家社会科学基金项目"西方国防经济学

最新发展研究"(批准号:04BJL043),立项了 2013 年国家社会科学基金后期资助项目"西方农业经济学理论与方法新进展研究"(批准号:13FJY007)。

国家社会科学基金项目 2016 年度课题指南

理论经济

130.西方经济学发展新动态、新趋势研究

国家社会科学基金项目 2017 年度课题指南

理论经济

83.当前西方经济学发展新动态研究

国家社会科学基金项目 2018 年度课题指南

理论经济

*10.发展和繁荣中国特色社会主义政治经济学与借鉴西方经济学有益成果研究

社会学

98.西方社会理论新发展研究

国家社会科学基金项目 2019 年度课题指南

理论经济

42.西方经济学方法论演进研究

国家社会科学基金项目 2020 年度课题指南

理论经济

95.国外非正统经济学发展研究

图 3-2 《课题指南》中"经济学新发展"相关部分选题

笔者一般从《课题指南》中找选题"关键词",紧扣指南,然后缩小原选题的研究范围。放弃《课题指南》中明确的选题,保留《课题指南》方向性选题,从《课题指南》范围性选题中确定选题。笔者根据《课题指南》中的方向性选题"城镇化""农民工"等关键词（如图 3-3、图 3-4 所示）,立项了 2016 年国家社会科学基金项目"农民工家庭'链式迁移'与城市接纳方式研究"（批准号：16BJY102）。

国家社会科学基金项目 2016 年度课题指南

理论经济

79. 协同推进新型工业化、信息化、城镇化、农业现代化和绿色化研究

80. 新型城镇化背景下经济发展与社会发展协调研究

81. 推进以人为核心的新型城镇化问题研究

82. 新型城镇化过程中城乡户籍制度同步改革问题研究

86. 新型城镇化与土地制度改革问题研究

应用经济

108. 城镇化规模标准及城镇化标准的规范化研究

110. 新型城镇化的融资体系研究

111. 新型城镇化背景下地方政府债务风险管理研究

政治学

61. 新型城镇化背景下不同社区治理比较研究

管理学

78. 人力资本提升与新型城镇化研究

图 3-3 《课题指南》中"城镇化"相关部分选题

> **国家社会科学基金项目 2016 年度课题指南**
> **应用经济**
> 125. 农民工返乡创业就业问题研究
> 126. 农民工举家进城落户对我国经济发展的影响研究
> 127. 农民工工资形成机制的变革对经济结构演进的影响机制研究
> **社会学**
> 31. 市民化与农民工的社区认同研究
> 52. 农民工回流与农村养老问题研究
> 54. 农民工养老保障制度并轨研究
> 68. 农民工市民化的制度设计研究

图 3-4 《课题指南》中"农民工"相关部分选题

笔者根据《课题指南》中的范围性选题"贫困问题",立项了 2020 年国家社会科学基金重点项目"我国贫困治理组合政策中长期效果评估研究"(批准号:20AJY013),如图 3-5 所示。

> **国家社会科学基金项目 2020 年度课题指南**
> **理论经济**
> *33. 城镇贫困与扶贫研究
> *34. 中国反贫困的实地实验研究
> **应用经济**
> 86. 贫困山区农户生计转型及生态环境效应研究
> **统计学**
> 49. 相对贫困评价、测度及治理研究
> **政治学**
> *92. 建立解决相对贫困的长效机制研究
> **社会学**
> *9. 现阶段我国城乡相对贫困标准制定研究
> **人口学**
> 51. 相对贫困人口问题研究
> **管理学**
> 83. 相对贫困识别和长效治理机制研究

图 3-5 《课题指南》中"贫困"相关部分选题

各学科立项率是不同的,申报时选题能够选报中小学科的可以选报中小学科。

尽量关注《课题指南》,少报自选项目课题。

选择《课题指南》不等于直接采用原题目,而是选择某个侧面、某个角度。

选题注重国家需求与个人兴趣、基础相结合;应用课题要突出应用价值、对策与建议,做到研究成果有前瞻性、建设性和可操作性。

选题要考虑基础理论和实践两个方面的问题。

选题范围太大不容易驾驭,范围太小没有特色和深度,可能会被同类课题包含。

3.2.3 阅读文献确定选题

学术研究水平提高是渐进的过程。申请人只能在前人研究的基础上展开研究。读文献是申请课题的基本功,也是申请人的日常工作。除本领域的经典著作、文献、近期公认的高水平论文之外,笔者一般还会关注会议论文、工作报告、总结报告、田野调查地的县志(这与笔者的农业经济研究有关),了解这个问题的发展演变历史,从而把握当前。

本领域的经典著作大家都知道如何去读。

论文一般要有选择地读,采用不同方式去读。因为当前发表的各类论文浩若烟海,除特别接近研究领域的论文,申请人一般没有时间逐个去精读。

笔者主要读论文的前言、综述、结论和进一步研究的问题部分。从前言部分可以了解别的学者对当前问题的认识;从综述部分可以发现相关的新文献,对论文提到的重要文献要根据线索找到文献原文认真阅读。不要用别人对原文的理解代替你的理解，因为不同的人读同一篇论文，得到的信息可能是完全不同甚至完全相反的；从结论和进一步研究问题部分可以了解作者对问题研究的主要结论，特别是论文涉及的进一步研究问题也是笔者选题的主要来源。

笔者在读文献时看到了重要信息，会用红笔标注，但过一段时间再想看一看加以比较时，翻遍文献堆积如山的办公室也找不到，很浪费时间。于是，笔者设计了一个阅读文献记录表，用自己能懂的文字进行简单记录。需要时随时用"关键词"检索，方便了申请书"国内外相关研究的学术史梳理及研究动态"标题部分的写作，如表 3-7 所示。

表 3-7　文献记录表

作者	题目	出处	方法	结论	综述新内容	特点	网址

笔者也借助计算机软件进行文献查阅，如 Endnote[①]、NoteExpress[②]、CNKI 协同研学平台[③]等，但不经常使用。根据个人的喜好，大家都在用自己熟悉的网站、自己习惯的方式查阅和记录文献。笔者曾经问过研究生阅读文献的情况，他的回答是

---

① 　EndNote 文献管理软件 | 中国科学技术大学图书馆 [DB/OL]. [2021-01-30]. http://lib.ustc.edu.cn/%E7%94%B5%E5%AD%90%E8%B5%84%E6%BA%90/database/9-%E5%B7%A5%E5%85%B7%E8%BD%AF%E4%BB%B6/%E3%80%90%E6%96%B0%E5%A2%9E%E3%80%91endnote-x7-%E6%96%87%E7%8C%AE%E7%AE%A1%E7%90%86%E8%BD%AF%E4%BB%B6/.

② 　科研利器——NoteExpress：一款强大的文献管理工具 - 云 + 社区 - 腾讯云 [DB/OL]. [2021-01-30]. https://cloud.tencent.com/developer/news/328203.

③ 　CNKI 协同研学平台 [DB/OL]. [2021-01-30] .https://x.cnki.net/PSMC#/Home.

"我已经收集了 9 个 G[①] 的文献"，听到这样的话就知道他可能一篇论文也没有认真读过。保存在硬盘中的文献还不是我们的，读过了并且进行记录、思考的文献才是对我们有用的。

3.2.4　捕捉突发灵感确定选题

有时选题是由突发灵感得到的，但产生这种灵感需要长期的学术积淀和学术准备。笔者一般通过参加学术会议（相对较少）、网络讲座（相对较多），尤其是通过读书（要有选择）来激发灵感。受社会大环境的影响，笔者也是"抱有功利性目的"地读书，看到有"新奇"的内容，想到的只是"能不能成为一个选题"。

3.2.5　参照过去立项确定选题

查阅、分析过去各类立项公示名单不仅可以找到新问题的线索，还能寻找课题"题目"的写法。已发表论文的题目一般比较小，但经过拓展后也可以成为好的选题。如"农民工返乡""驻村干部""三乡工程""乡村振兴差异化道路""冲突和解与乡村治理"等主题的相关论文对笔者的启发很多，立项了多个课题。

3.2.6　通过学术交流确定选题

由于普通高校存在的各种原因，普通高校教师能交流的同方向的本校学术伙伴数量有限，笔者一般会找硕士、博士、两站博士后群中的同学进行交流讨论，让他们对选题提出意见，这一方

---

① 即 9GB 大小的文件。1GB=1024MB。

式取得了较好的效果。如笔者经常与福建师范大学的张国博士、深圳农产品集团的肖映林博士、东南大学的夏保华博士等讨论课题的选题、题目和结项报告问题,他们给了很多帮助。每当做科研出现问题时,他们总是用老同学才有的语言给予批评、鼓励。同学,特别是那些还在从事科研的同学,是最好的学术交流伙伴。

3.2.7 调研、实践找选题

习近平同志指出:"广大科技工作者要把论文写在祖国的大地上,把科技成果应用在实现现代化的伟大事业中。"有很多老师在申报国家社科基金项目时为找不到选题而苦恼,习近平总书记的教导为我们指明了方向。只要到现实社会就会发现很多现实问题,找到很多研究话题,需要做的只是把话题转化成学术问题,并用学术语言表达。笔者是做农业经济研究的,每次到农村调研时,只要走到村口就会发现很多没有解决的问题。特别是研究农村贫困问题时,每次走访贫困户,都会有新想法和研究新思路,产生很多新选题。

3.2.8 选题的确定

选题确定后一般要问自己几个问题,如"发现了什么问题(现实中、学者的研究中)?""是否能解决这个问题?""是否准备好研究这个问题?""想如何解决这个问题?""是不是已经有基本答案?""具体解决问题的途径是什么?"

回答"发现了什么问题?",体现了课题申请书写作中的"问题导向";回答"是否能解决这个问题?""想如何解决这个问题?"体现了课题申请书写作中的"目标导向";回答"是不是已经有基本答案？""具体解决问题的途径是什么？"体现了课题申请书写作中的"对策导向"；回答"是否准备好研究这个问题？"，体现了申请人对"理论、方法、数据"准备情况的基本判断，是对完成课题研究能力的再次自我评估。

选题后，一般需要再次进行文献收集、查阅，以评估选题被学术界关注程度。

若得到"找到很多中文文献"的情形，会让评审专家感觉选题不够新，已经被很多人研究过了。

若得到"没有或很少发现中文文献"的情形，可以考虑确定这个选题尝试进行研究。

若得到"英文文献中发现同类研究"的情形，一般会确定为选题，因为国外学者对问题的研究相对比较规范、深入，可以找到系统的资料用以借鉴。

若得到"前期没有文献"的情形，笔者绝对不会认为选题填补了世界研究空白，只会想是不是查阅文献的方法出了问题；若确定方法没有问题则说明选题没有可行性，或不值得、不能研究，果断放弃这个选题。

申请人要对近几年立项的同类课题情况进行分析比较，为填写"[选题依据]国内外相关研究的学术史梳理及研究动态（略写）；本课题相对于已有研究的独到学术价值和应用价值等，特别是相对于国家社会科学基金已立同类项目的新进展"的内容做准备。

3.3 确定题目的过程与要求

"如何确定题目？"这个问题不好回答，原则性的话是：要有"新鲜感"；体现"时代性""现实性""前瞻性"；"确切、醒目、主题明了";要"具体不空洞";要在尽量短的一句话中回答"想干什么、对象是什么、用什么方法、解决什么问题";题目大小要适中,防止"大题目、小课题";等等。这些话,读一万遍也不会对确定题目有任何实际意义。"片面才能深刻",好的题目要能明确体现专业(学科)、说明研究问题、显示研究目标、体现研究方法,题目中要有"吸引点",要超出评审专家们的学术预期。

题目是课题项目学术思想的高度浓缩和集中体现,同时也是学术水平的直接反映。题目要长度适中,通常 20～25 字。字数太多显得重复、啰唆;字数太少会因缺乏必须的限定词导致研究范围不具体。要用词准确、简洁,清楚地表达最重要和最鲜明信息,突出体现选题新颖性和创新性。

研究题目确定后,需要持续修正,直到提交申报材料的截止日期。同时要依据题目不断发表研究成果,为下一年度再申报奠定基础,提高申报成功的概率。若课题研究基本完成,还可以申报后期资助项目。

题目要突出"吸引点"。题目有了新意,才能吸引评审专家,进而引起专家的共鸣。题目要有竞争力,需要尽可能地在自己前期成果多的领域确定题目。

如笔者题目中的"临界理论方法""链式迁移""评估方法比较""理论与方法新发展"等,都是笔者设想的"吸引点"。

题目要超出评审专家预期,评审专家们都从事过国家社会科学基金项目的研究工作,潜意识中都会有对申报题目的"预期"。这个"预期"几乎是批准申请人课题立项的底线。

笔者确定题目的经验如下。

题目中极力回避的字和词是"创新、机制、协同、耦合""与、和、及"等,绝不使用"大概念、大背景"等场景设定词。

很多写"创新"的论文，除了技术创新之外，其他创新都很虚，不易写出实践对策的具体应对。一般认为，"创新是一个民族进步的灵魂，是国家兴旺发达的不竭动力"，很对。"创新"是一个时髦的话题，但问题在于是否凡事必言"创新"。在国家社会科学基金项目选题中，有很多"××创新"题目，"创新研究"已经"充斥了""污染了"社科研究的所有领域。有很多申请人只是找不到合适的题目，也没有真正确认自己想研究什么具体问题，想借"创新"这个词来表示自己的题目比较新，这是对课题研究主要问题不太了解、不太明白的具体表现。由于把问题想得太肤浅，只想"创新"却不知道"创新"研究什么具体内容，以至于论证"贫乏无力""虚无缥缈""流于形式"。

"大概念"不易把握。没有公认的定义"人云亦云"的词，不要列入题目。"大背景"的设定相当于是为过去的研究开辟了新研究框架。只要在这个新"大背景"下，过去的所有研究都需要重新做。

笔者一直没有将"机制"这个词用于题目中（除要求按照原题申报的立项课题外）。因为笔者至今都不清楚"机制"的真正含义。需要研究些什么问题才算是机制研究？也请教过很多人，但他们的回复都没有能让人信服，更加确信"他们也不知道需要研究什么内容才算是机制研究，他们也只是随口说一下而已"。当再问他什么是机制时，他会说出 N 个机制。这是用"机制"解释"机制"的重大逻辑错误。评审专家们学术水平很高，一眼就能看出申请人是真懂还是在"糊弄人"。

笔者收集到的关于机制的研究论述如下："机制设计理论就是采用什么样的经济制度、激励机制和政策。""机制设计理论关注最基础和最根本的一般制度规则设计问题，为各种不同的资源配置机制或制度提供了一个一般性完整分析框架。""不像新古典经济学那样,将制度、机制(如完全竞争、垄断)视为给定,寻求在什么样的经济环境条件下能达到资源最优配置或最优决策,而是进行逆向思维的情景研究,即将问题反过来,将经济环境视作给定(更符合现实),基于严谨方法来研究在期望目标下,如何创造一定的互动规则(即机制)来实现这个目标。""作为一个具有一般性的基准经济理论和分析工具,机制设计理论主要从信息有效性和激励相容性的角度,为基于其之上的相对实用经济理论的创新和发展提供了分析框架和平台。""在机制设计理论的框架里,信息有效性、激励相容性及帕累托效率是衡量一个机制好坏的重要标准。"但到目前为止,笔者仍然不知道什么是"机制"。

3.4 成功的选题、题目案例分析

3.4.1 案例:2002年度国家社科基金项目"战争的经济承受力研究——基于临界理论的研究"(02EJY002)[①]

这是笔者博士毕业后的第一个国家社科基金课题。

确定选题和题目的过程如下。

博士毕业时,正值北约轰炸我驻南联盟大使馆,笔者被特招入伍,成为我军自己培养的第一个应用经济学博士后(中国人民解放军军事经济学院,导师刘化绵少将),主要从事国防经济、军事经济的相关研究工作。当时的时代背景是:伊拉克战争的战

---

① 因为军队保密条款规定,此处没有贴出课题立项通知书。

争开支很高，相关评论也很多。笔者正在进行总后勤部对××作战的经济战课题研究，就考虑我国当时的经济运行状态能够承受一场什么规模的战争。当时笔者已经发表"经济战""战争直接损失评估""战前准备、战后恢复的经济问题""经济封锁"等相关论文，也完成了中国人民解放军军事经济研究中心、中国人民解放军总后勤部的几项相关课题。由于第一次尝试申报国家社科基金课题，对申报材料写作不太了解，只是想试一试，以寻找自己学术水平与国家级课题水平之间的差距。选题时关键词是"战争经济损失"，设想选择一个明确研究目标的小课题。后来经过认真考虑，确定2002年申报时的题目是"战争的经济承受力研究——基于临界理论的研究"。

题目中，申报的学科很明确，是应用经济中的"国防经济"。[①]与笔者从事的国防经济、军事经济的相关研究严格对应。题目中研究对象明确，即战争；研究问题是经济承受力；研究目标是依据当年的国民经济运行状态测算我国能承受一场多大规模的战争；研究方法是临界理论的方法；题目不能说有什么吸引点，但当时的军事斗争准备工作正在全军如火如荼，当时的背景使这个选题比较有吸引力。由于收集到的相关研究多数是研究战场的经济损耗，而较少有人涉及从整个国民经济运行状态视角去研究战争损失及经济承受力，可能超出了评审专家的预期。

第一个国家社会科学基金项目的立项，对笔者学术生涯具有重大的现实意义和深远的历史意义，极大地增强了笔者从事科研

[①] 应用经济包括11个门类，包括国民经济学、区域经济学、财政学、金融学、产业经济学、国际贸易学、劳动经济学、统计学、数量经济学、国防经济等。理论经济学包括政治经济学、经济思想史、经济史、西方经济学、世界经济、人口、资源与环境经济学等。经济学包括哪些专业_百度知道[DB/OL]. [2021-01-03]. https://zhidao.baidu.com/question/247884082.html.

的信心。因为当年全国的国家社会科学基金项目立项是1200个左右，感觉自己还是有潜力的。现在回头想一下，激励笔者申报课题的主要原因是：一个办公室的同事在2001年获得了一个国家社会科学基金项目立项，平时感觉学术水平差不多，有点不服气。可见身边有人获得国家社会科学基金立项，对我们的刺激、激励作用是不言而喻的。

国家社会科学基金并不神秘，都可以实现。认真准备、持续研究、尝试申报，最终必能立项。

3.4.2 案例：2004年度国家社科基金项目"西方国防经济学最新发展研究"（04BJL043）[①]

确定选题和题目的过程如下。

取得第一个课题立项后，笔者有了信心。一边开展研究准备结项，一边开始思考第二个选题。

当时我国的国防经济、军事经济研究，在研究方法、研究范式方面与国际学界不同，处于无法与国际学术界对话交流的状态。借鉴西方经济学被成功引入中国的经验，笔者开始收集国防经济、军事经济研究的外文资料。当时条件比较差，笔者都是将英文资料用废纸的反面打印出来（当时连打印机都没有，到处借用，根本没有从事科研的条件），一边看一边翻译成中文并手写出来，然后再根据手写草稿录入到计算机中。经过大约一年的时间准备，笔者梳理了西方国防经济学理论的主要研究内容和研究方法，更感觉需将西方国防经济学相关理论内容引入国内，为中国的研究提供借鉴和参考。由于笔者收集的国外资料多数是论文，就开始

---

① 因为军队保密条款规定，此处没有贴出课题立项通知书。

根据主流经济学的结构框架设计西方国防经济的理论体系,并将具体相关内容列入其中,按照自己的想法初步形成了西方国防经济学的理论体系。

在此基础上,笔者于2003年年初开始启动第二个国家社会科学基金课题的申报准备,也是从2003年开始认真读《课题指南》,发现了《课题指南》中有一个范围性选题,即"经济学的新发展"。笔者考虑到自己的水平和资历,不能写"经济学的新发展"这个选题,但控制在国防经济学范围内,立项还是有可能的。

申报时题目确定为"西方国防经济学最新发展研究",学科很明确是"国防经济",研究主要问题是"新发展",研究目标是"研究总结近年的新发展";采用现代主流经济学的范式和方法体系去解读新发展,研究方法是"主流经济学方法"。由于当时西方国防经济学并没有被全面引入国内,可能让评审专家感觉比较新,也算是有了"吸引点"。

"国家社会科学基金项目没有任何'技巧',认真读书是最笨的方法,也是成功立项的唯一方法"。

3.4.3 案例:2006年度国家社科基金项目"基于全寿命理论的武器装备分阶段采办理论与实证研究"(70673112)[①]

确定选题和题目的过程如下。

国家社会科学基金获得两项立项后,笔者开始对国家自然科学基金项目的申报尝试。

---

① 因为军队保密条款规定,此处没有贴出课题立项通知书。

笔者当时了解到我军武器装备采购、使用、维护到报废的过程中，采购费用占比并不大，但维护维修费用的占比相对较大。因此在武器装备的采购中，不能只考虑武器装备的购买价格，而且要考虑武器装备的"全寿命周期"费用。西方国防经济理论研究中涉及的武器装备采办的内容，就包括研究武器装备"分阶段采办"问题的内容。为了体现课题研究的学术性，笔者不但对理论进行了研究，还借助于我军某型号的武器采购的具体实践，进行了实证分析。根据国家自然科学基金课题的题目写作要求，前面加了一个"基于×××的研究"，最后确定题目为"基于全寿命理论的武器装备分阶段采办理论与实证研究"。

"基于全寿命理论的武器装备分阶段采办理论与实证研究"题目学科明确、研究问题明确、研究目标明确，说明了研究方法；"武器装备分阶段"可能是"吸引点"，超出了评审专家的预期设想。在课题研究期间，笔者出版了《西方国防经济学理论研究》《国防经济研究方法论》《中外国防经济理论比较研究》《国防经济学说史》（军队研究生内部教材）、《战争的经济承受力研究》《经济战争与战争经济》《西方冲突经济学研究》《西方军事人力经济学研究》《装备经济学研究》等专著，还发表了多篇相应的论文。

针对不同类型的课题，题目应根据不同要求来确定。国家自然基金项目相对更加注重研究方案（思路、方法、技术路线等）的设计，需要在题目中明确说明方法。

3.4.4 案例：2008 年度国家社科基金项目“自然灾害经济损失评估方法比较研究——基于我国 2008 年暴雪灾害的理论与实证比较”（08BJL021）

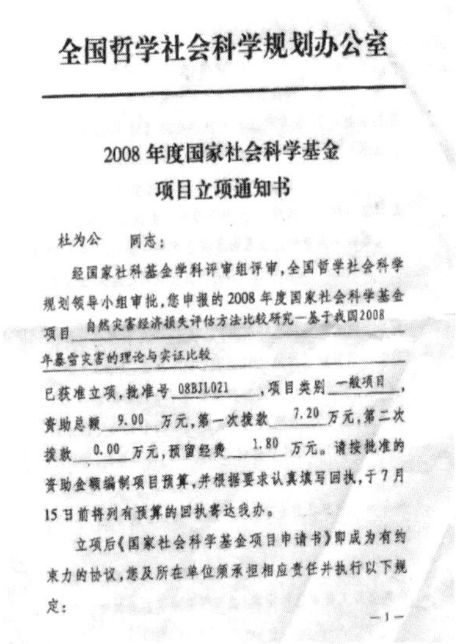

全国哲学社会科学规划办公室

2008 年度国家社会科学基金
项目立项通知书

杜为公　同志：

经国家社科基金学科评审组评审，全国哲学社会科学规划领导小组审批，您申报的 2008 年度国家社会科学基金项目　自然灾害经济损失评估方法比较研究—基于我国2008年暴雪灾害的理论与实证比较　已获准立项，批准号　08BJL021　，项目类别　一般项目　，资助总额　9.00　万元，第一次拨款　7.20　万元，第二次拨款　0.00　万元，预留经费　1.80　万元。请按批准的资助金额编制项目预算，并根据要求认真填写回执，于 7 月 15 日前将列有预算的回执寄达我办。

立项后《国家社会科学基金项目申请书》即成为有约束力的协议，您及所在单位须承担相应责任并执行以下规定：

—1—

图 3-6　2008 年度国家社科基金项目立项通知书

确定选题和题目的过程如下。

2008 年，笔者完成了第二站博士后研究（中南财经政法大学，导师卢现祥教授），完成了在英国伯明翰大学和约克大学的访学，接触了多位英国一流的经济学家，为笔者今后的研究提供了很多支持。在英国的朋友为笔者后续研究提供了即时的资料保障。访学期间，笔者开始关注现代农业经济学的研究，涉猎了最新与农业经济学相关的理论研究成果，并对英国伯明翰地区的 16 个农场进行深度调研。

此时，笔者已经从军队转业到地方工作，过去在国防经济领域的成果积累已经不能使用了，面临着重新开辟新研究领域、重新确定研究方向的重大挑战，急需一个国家级课题成为新旧研究方向的过渡标志。

2008年，我国遭遇了重大暴雪灾害，给国民经济带来了重大损失。[①] 研究自然灾害的经济损失与战争的经济损失有相通之处，过去的研究基础如"战争直接损失评估""战前准备、战后恢复的经济问题"的相关研究成果还可以借用。在此背景下，就产生了以"自然灾害经济损失"为选题的想法。

但考虑当年的具体情况，笔者认为"自然灾害经济损失"一定是热点选题，会有很多人申报。为避免与强大力量"撞车"，笔者考虑将选题范围缩小到"评估方法"，纯粹研究"评估方法"不能构成课题的题目，就考虑研究"评估方法比较"。在具体研究内容设计上，笔者设想汇总当时在学术界流行的"自然灾害经济损失评估方法"，并进行比较，采用2008年的具体灾害数据，用不同的方法进行"经济损失评估"，最后得到了不同的结论，然后讨论和比较不同评估方法针对同一个灾害经济损失结论的差异，得出不同评估方法适用于不同灾害的结论。

该题目属于应用经济范畴，研究对象明确、研究问题明确、研究目标明确，题目中出现了"方法比较"，也说明了具体的研究方法。这也是笔者第一次在文献综述中（相当于2021年度国家社会科学基金项目申请书中"国内外相关研究的学术史梳理及研究动态"的标题）采用按照研究方法进行综述的尝试。题目中的"经济损失评估方法比较"可能是"吸引点"，得到了评审专家的认同。

经济学研究有许多相通之处，不要因为自己的博士论文研究

---

① 中央气象台发布2008年1月全球重大灾害性天气[DB/OL]. [2021-02-11]. https://www.chinanews.com/gn/news/2008/02-03/1156187.shtml.

方向与当前研究方向有差异而困惑。只要根据研究基础，找对关键词，过去的成果都是可以作为研究基础写入申请书的。转变研究方向并不可怕，只是需要了解自己，寻找新的“突破点”。

3.4.5 案例：2013 年度国家社科后期资助项目“西方农业经济学理论与方法新进展研究”（13FJY007）

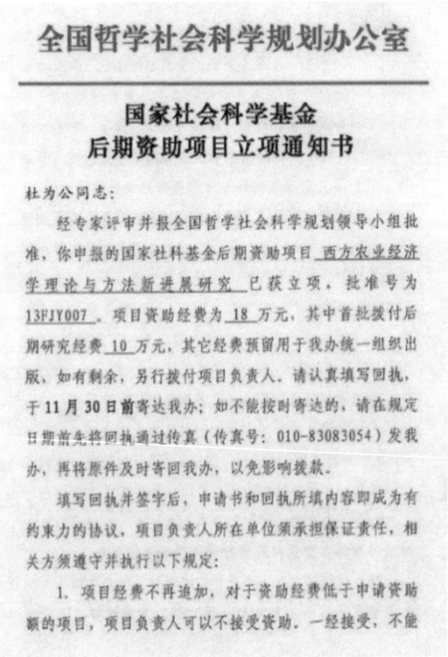
全国哲学社会科学规划办公室

国家社会科学基金
后期资助项目立项通知书

杜为公同志：

经专家评审并报全国哲学社会科学规划领导小组批准，你申报的国家社科基金后期资助项目 西方农业经济学理论与方法新进展研究 已获立项，批准号为 13FJY007 。项目资助经费为 18 万元，其中首批拨付后期研究经费 10 万元，其它经费预留用于我办统一组织出版、如有剩余，另行拨付项目负责人。请认真填写回执，于11月30日前寄达我办；如不能按时寄达的，请在规定日期前先将回执通过传真（传真号：010-83083054）发我办，再将原件及时寄回我办，以免影响拨款。

填写回执并签字后，申请书和回执所填内容即成为有约束力的协议，项目负责人所在单位须承担保证责任，相关方须遵守并执行以下规定：

1. 项目经费不再追加，对于资助经费低于申请资助额的项目，项目负责人可以不接受资助。一经接受，不能

图 3-7　2013 年度国家社科基金后期资助项目立项通知书

确定选题和题目的过程如下。

2009 年 9 月，笔者被湖北省委组织部选派到湖北省钟祥市任副市长，负责农业农村工作。2012 年 5 月进入一所省属高校发展规划处负责学校学科建设工作，学术研究因此停滞了三年。2010 年课题“自然灾害经济损失评估方法比较研究——基于我国 2008

年暴雪灾害的理论与实证比较"（08BJL021）结项后，产生了从学术界"华丽转身"的错误念头。2009—2013年期间笔者没有时间精力和心情去申报国家社会科学基金项目，给自己的学术研究带来了损失，总体看是少立项了一个国家社会科学基金项目，因为笔者都是结项后连续申报，连续成功立项的。

但这段时光也给了笔者意想不到的收获。第一次真正接触到了中国的农业、农村、农民，也深切地体会到了其中存在的诸多矛盾和问题。过去笔者也曾经读过很多与"三农"相关的专著和论文，总以为自己对"三农"问题已经很了解，在英国伯明翰大学和约克大学的访学期间，也涉猎了最新与农业经济学相关的理论研究成果，也对英国的农场进行了实地调研，但到了实际农业管理工作中，感到过去书本上学到的东西与现实相去甚远，一切都需要从头开始，从中国农村的具体实践出发。在工作期间，看到了、感受到了"三农"现实问题，也真正体会到了"农民真苦，农村真穷，农业真危险"的真实意义。[①] 基于当时的农村社会现实，笔者也开始了"三农"问题的研究，解决点实实在在的"小问题"。

笔者在2013年度国家社会科学基金项目《课题指南》中又看到了那个"范围性的选题"，即"经济学的新发展"。在查阅当时的国内农业经济学研究的书籍、论文、研究报告时发现，国内流行的农业经济学理论教程，存在与国际研究交流不畅的问题。于是仍然采用申报2004年度国家社会科学基金项目"西方国防经济学最新发展研究"（04BJL043）时的方法，"根据主流经济

---

① 2000年李昌平上书总理："农民真苦、农村真穷、农业真危险！"_资讯_凤凰网[DB/OL]. [2021-01-30]. http://news.ifeng.com/special/60nianjiaguo/60biaozhirenwu/renwuziliao/200909/0910_7766_1342837.shtml.

学的结构框架,设计西方农业经济的理论体系"。

认真读书是最笨的方法,也是成功获得课题立项的唯一技巧。

3.4.6 案例:2016年度国家社科基金项目"农民工家庭'链式迁移'与城市接纳方式研究"(16BJY102)

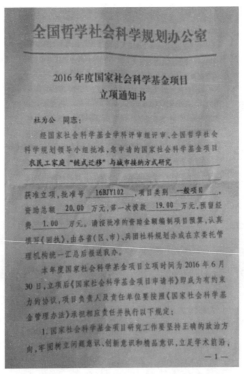

图3-8 2016年度国家社科基金项目立项通知书

确定选题和题目的过程如下。

2015年,笔者完成了上一个课题"西方国防经济学最新发展研究"的结项,并且在农业经济领域出版了《西方农业经济学理论与方法新进展研究》《西方农业经济学研究》《西方农村经济学研究》《西方农民经济学研究》《乡村振兴理论与实践研究》《西方粮食经济学研究》等著作，还发表了相应的论文。

笔者在2016年度国家社会科学基金项目《课题指南》中又看到了一个方向性选题，即"城镇化""农民工"。根据笔者当时对"三农"问题的理解，"城镇化"就是让"农业剩余劳动力转移到城镇"，最有可能转移的人口是已经生活在城市的"农民工"。2016年度国家社会科学基金项目选题基本就确定为"农民工问题"。

为了研究题目有新意，笔者将"农民工家庭"作为研究对象，区别于当时对"农民工"个体的相关研究。2020年的《课题指南》中，出现了对"农民工家庭"的研究指向，但笔者在2016年已经立项了以"农民工家庭"作为研究对象的课题，这得益于对"三农"理论的系统研究基础，如图3-9所示。

国家社会科学基金项目2020年度课题指南
社会学
*5. 农民工家庭化迁移研究

图3-9　2020年度《课题指南》中"农民工家庭"相关部分选题

为了寻找"吸引点"，笔者想到了一个词——"链式迁移"。这个课题能够成功立项，主要得益于这个词。当时认为农民工家庭迁移是一个"链式"过程，先由第一个农民工到城镇打工，然后是兄弟、家属，逐渐整个农民工家庭全部迁移城镇，最后成为"真正的市民"并融入城市。而当时各城市并没有进行分阶段的、针对每个"链"的政策设计，就找到了"问题"所在，确立了"问题导向"。

笔者题目中一般极力回避的字和词是"与、和、及"等，这是第一次使用了"与"字，因为只有加"与"字才能明确研究目标。

若课题只是研究"农民工家庭链式迁移",就没有准确的研究目标。加"与"字就表示"研究农民工家庭链式迁移"是为了让"城市选择对应的接纳方式"。

由于种种原因,2016年的立项课题结项时已经是2019年。当时外贸订单下降,城市已经无法接纳太多的农民工,政府也出台了相应鼓励农民工返乡创业的政策。但2016年课题立项时设想提出的对策是让城市设计政策接纳更多的农民工家庭留在城市,所以在结项时感到手足无措。

这一时期笔者也申请立项了省社科的课题,专门研究农民工返乡创业问题;立项了湖北省重大课题,研究湖北省"三乡工程"问题。①

一边写"鼓励农民工家庭迁移到城市的对策",一边写"鼓励农民工返乡创业的对策"。笔者是在矛盾中进行不同政策目标项目的结项,经历了"严峻考验"。

依据《课题指南》中的方向性选题,是确定选题、确定研究对象的好方法。要认真阅读《课题指南》,在选题中找到"吸引点",让评审专家认可的创新。

---

① "三乡工程"是湖北省政府第十一次党代会部署,以"市民下乡、能人回乡、企业兴乡"为抓手,扎实推动乡村振兴战略实施,努力实现"产业兴旺、生态宜居、乡风文明、治理有效、生活富裕"的目标。

3.4.7 案例：2020年度国家社科重点项目"我国贫困治理组合政策中长期效果评估研究"（20AJY013）

全国哲学社会科学工作办公室

2020年度国家社会科学基金项目立项通知书

杜为公　同志：

　　经国家社会科学基金学科评审组评审，全国哲学社会科学工作领导小组批准，您申请的国家社会科学基金项目**我国贫困治理组合政策中长期效果评估研究**

　　　　　　　　　　　　　　　　　　　　　　　获准立项，批准号　20AJY013　，项目类别　**重点项目**　，资助总额　35.00　万元，第一次拨款　30.00　万元，预留经费　5.00　万元。

　　本年度国家社会科学基金项目立项时间为2020年9月15日，立项后《国家社会科学基金项目申请书》即成为有约束力的协议，您及责任单位要按照《国家社会科学基金管理办法》承担相应责任并执行以下规定：

　　1. 国家社会科学基金项目研究工作要坚持正确的政治方向和学术导向，牢固树立问题意识、创新意识和精品意识，立足学术前沿，体现有限目标，突出研究重点，避免重复研究，弘扬优良学风，恪守学术规范，着力推出代表国家水准的研究成

图 3-10　2020年度国家社科基金项目立项通知书

确定选题和题目的过程如下。

2016年笔者的课题立项后，就开始考虑下一个国家社会科学基金的选题。因为《中共中央国务院关于打赢脱贫攻坚战三年行动的指导意见（2018）》提出"完善脱贫攻坚考核监督评估机制……重点评估'两不愁、三保障'实现情况，提高考核评估质量和水平"，笔者当时预测2020年会对扶贫工作效果进行评估，也开始了对扶贫效果评估研究基础的准备，在此期间发表了相关的论文，出版了著作《我国贫困治理评估理论与实证研究》，并对湖北省钟祥市的贫困治理实施、效果进行了深度调研，《湖北省钟祥市扶

贫效果调研报告》交钟祥市政府、钟祥市扶贫办，得到了较好的社会评价。同时，重点参与了湖北省政协的提案工作，《湖北发展乡村旅游、促进扶贫攻坚的对策建议研究》得到了省四大班子领导的批示。2019年7月，当2016年度立项课题提交网上结项时，已经准备好了申报2020年度国家社会科学基金项目的研究基础工作，并且已经写好了申报材料的初稿。

由于申报一般课题、面上课题对笔者已经不具有挑战性了，所以就尝试申请"重点项目"。

为了选择热点词"治理"，把"扶贫"改成了"贫困治理"。由于当时的扶贫效果评估多数是针对单一措施的评估，如财政投入的扶贫效果评估等，但我国的扶贫力度很大，措施很多，政策措施也是同时实施的，在评估时很难说明效果是由单一扶贫措施造成的结果，也不可能得到单一措施的扶贫效果的科学结论，所以笔者就在扶贫措施上加入了"组合政策"。

由于国家设定的贫困线是每人每年2300元，也就是说直接给贫困人员2300元，他就脱贫了，但第二年仍然是贫困人口。此时考虑到评估扶贫效果，评估的一定是中长期效果而不是短期效果。由于在评估指标选择中有"中期指标"，就将题目写成了"中长期效果"。当然，研究内容中还涉及"2020年后扶贫的主要工作目标"，如返贫问题、相对贫困问题、城乡贫困差异问题、扶智扶志问题等。

最后确定的题目是：我国贫困治理组合政策中长期效果评估研究。

题目中研究问题明确、研究目标明确，组合政策"中长期效果"可能是"吸引点"。

对今后几年热点问题进行预测很重要，有利于提前准备研究基础、收集资料，在写作时间上"先敌开火"。

3.5 选题、题目案例点评

笔者与普通高校教师一起讨论、完善过多本国家社会科学基金项目申请书,也看到了在选题和题目中存在的问题。下面用有典型性的例子进行点评,希望读者能对照检查自己的选题和题目,避免出现相同的问题。①

例1:

图3-11的例子存在的问题是:题目包含的研究内容太多,不能确定国家社会科学基金项目申请书中所涉及的研究内容是否涵盖了题目需要的所有研究内容。若国家社会科学基金项目申请书中不能包含题目的所有内容,则说明研究内容不完整。若只重点研究了其中的几个问题,则研究内容与题目就没有严格对应。大题目需要相当的驾驭能力,不如选择其中的一个小问题进行研究,使研究主题更加集中、清晰。

图3-11 选题、题目案例

例2:

图3-12的例子存在的问题是:题目是"综合研究",没有说明是对什么具体问题的研究,感觉申请人并不知道当前存在什么问题,也就是说没有体现出"问题导向"。

题目:中国社会工作发展历程综合研究

图3-12 选题、题目案例

图3-13、图3-14的例子存在的问题是:例3、例4也是包含

---

① 请读者不要对号入座,例子若与某位读者以前的选题、题目雷同,纯属偶然。

的内容太多,写作中没有体现出"问题导向"。这样的选题涵盖面太广,论证的难度很大,不容易写出逻辑清晰、主题明确的国家社会科学基金项目申请书。

例 3:

题目: | 8 | 行动的道德价值研究

图 3-13　选题、题目案例

例 4:

题目: | 1.农产品安全法律保障研究

图 3-14　选题、题目案例

图 3-15 的例子存在的问题是:这个题目中三个词、三个概念,不能说明主要研究主题是什么,没有明确研究三者之间的什么关系。

例 5:

题目:课 题 名 称　企业创新、产业聚集与产业链研究

图 3-15　选题、题目案例

图 3-16 的例子存在的问题是:题目中的两个概念不直接相关,若把它们联系起来,则需要第三个变量,写起来不容易说清楚,也不能聚焦问题。

例 6:

题目: | 11 | 国家审计对建立黄河流域返贫抑制机制的实现路径研究

图 3-16　选题、题目案例

图 3-17 的例子存在的问题是：题目中的博物馆人类学的视角与红色文化表述不直接相关。

例 7：

题目： 选题：博物馆人类学视域下中国革命文化展览的历史实践与红色文化表述研究

图 3-17 选题、题目案例

图 3-18 的例子存在的问题是：题目中出现了区域的词，一般认为除了全国性形成共识的区域，如西部开发、东北振兴、长三角、珠三角、长江流域、黄河流域等，小区域不适合选择为国家社会科学基金项目的题目。另外，"扶贫与乡村振兴"是个好的研究问题选题，但已经被很多人研究，多数是泛泛地研究一下，有新意的很少。需要有针对性地研究其中的某个问题。郑州体现了地域性特征，但研究的价值不够，不足以构成立项的条件。这个题目可以用来申报河南省社科基金项目，但在全国的研究价值还不够，不能选择为国家级课题的题目。只能选择带有公认约定的地域性特征，具有全国性研究价值的题目。

例 8：

题目： 课 题 名 称：郑州市脱贫攻坚与乡村产业振兴协同推进研究

图 3-18 选题、题目案例

图 3-19 的例子存在的问题是：题目仅研究"实现路径"，感觉题目太小，不是一个国家级课题的题目，而是个论文题目。另外，"数字经济""绿色发展"也是两个很不容易把握的"大概念"，学术界这个问题的研究成果很多，但至今很少有学者知道这两个词的确切含义。

例 9：

题目： 数字经济助推区域绿色发展的实现路径

图 3-19　选题、题目案例

图 3-20 的例子存在的问题是：题目仅研究西北内陆港，范围有点太小，"协同"这个词也不容易写出具体内容。大家都大约知道"协同"是什么意思，私下讨论随意说一下"协同"是可以的，非专业人员可能还会感觉此人很有水平，但学术研究需要的不是对"协同"的"一般性理解"。"一带一路"的工作要继续，但选题时需要换成更新的概念。

例 10：

题目： "一带一路"倡议下西北内陆港与区域经济协同发展研究

图 3-20　选题、题目案例

图 3-21 的例子存在的问题是：这是典型的 A 与 B 研究。这样的题目研究的必然选择是，先研究 A，再研究 B，再研究 A 和 B 的关系，一般很难写出新意。

例 11：

题目： 课题名称： 区块链与健康管理研究

图 3-21　选题、题目案例

图 3-22 的例子存在的问题是：该题目概念很多，相互包含。因为"机制实现"要先进行"机制设计"，"机制设计"要先研究"影响因素"，这几个概念是相互递进关系，不宜把研究问题的过程全部列入题目中。

例 12：

题目：课题名称　我国科技创新作用机理、影响因素、机制设计、机制实现

图 3-22　选题、题目案例

图 3-23、图 3-24 的例子存在的问题是：例 13、例 14 是 "A 与 B 与 C 研究" 的题目，一般很难写出新意。

例 13：

题目：课题名称　人工智能、区块链、数字经济与政府治理能力

图 3-23　选题、题目案例

例 14：

题目：课题名称：产业关联、汇率变动与国际贸易

图 3-24　选题、题目案例

第4章
国家社会科学基金申报材料的写作

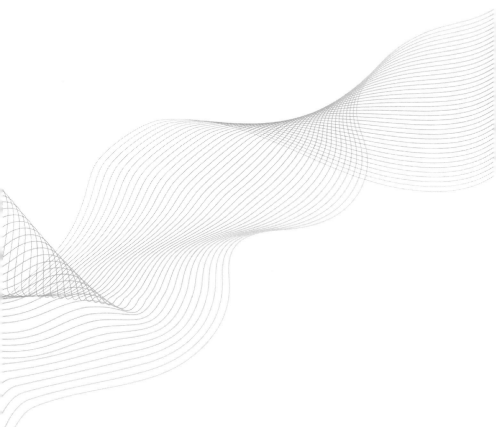

"申请书不是写出来的,是思考出来的。"(杜为公,2008)

"申请书不是思考出来的,是写出来的。"(杜为公,2013)

"申请书不是写出来的,是修改出来的。"(杜为公,2016)

"若写国家社会科学基金项目申请书需要100天的时间,那么思考'写什么''如何写'大约需要90天,然后用10天把'脑子'中想清楚的问题'复印'在纸上。"(杜为公,2020)

——《老杜金句》摘句(国家社科基金项目申请)

下面基于2021年度国家社会科学基金《国家社会科学基金项目课题论证活页》《国家社会科学基金项目申请书》(以下简称《活页》《申请书》)版本中的条目,按照标题逐个说明各个标题的要求、写作时的想法和做法。并列举不完美的写法与成功立项的写法进行比较。①

成功立项的例子以2016年度国家社会科学基金项目"农民工家庭'链式迁移'与城市接纳方式研究"(16BJY102)的《申

---

① 这种按照标题逐个叙述的方式也会存在问题,不能把全部文字统一粘贴出来,无法说明整体的、有逻辑的论证过程,可能出现单一标题下很完美,但整体出现逻辑错误的问题。因为需要详细叙述各标题下具体内容的写法,也只能先按照标题逐个叙述的方式表述各标题内容的写作方法。在本书第5章"国家社科学基金项目申报材料提交前的检查"中,将讨论对申请书整体性、逻辑性的检查方法,申请人可以再返回各标题,修正各标题下的具体内容。

请书》《活页》为基础，整体展示一个完整结构和细节。

2020年度国家社会科学基金重点项目"我国贫困治理组合政策中长期效果评估研究"（20AJY013）因考虑结项时的查重，暂时不能贴出全部内容，等项目结项此书再版时将全部贴出，希望笔者能理解。

2021年度国家社会科学基金《活页》《申请书》版本，截图如下，以便于读者查找对照。如图4-1、图4-2、图4-3、图4-4、图4-5、图4-6、图4-7所示。

图4-1 2021年度国家社科基金项目申请书：封面

一、数据表

课题名称							
关键词							
项目类别	A.重点项目 B.一般项目 C.青年项目 D.一般自选项目 E.青年自选项目						
学科分类							
研究类型	A.基础研究 B.应用研究 C.综合研究 D.其他研究						
课题负责人		性别		民族		出生日期	年 月 日
行政职务		专业职称				研究专长	
最后学历		最后学位				担任导师	
所在省(自治区、直辖市)						所属系统	
工作单位						联系电话	
身份证件类型		身份证件号码				是否在内地(大陆)工作的港澳台研究人员	(是/否)

课题组成员	姓名	出生年月	专业职称	学位	工作单位	研究专长	本人签字

预期成果	A.专著 B.译著 C.论文集 D.研究报告 E.工具书 F.电脑软件 G.其他	字数(千字)
申请经费(单位:万元)	计划完成时间	年 月 日

图 4-2 2021 年度国家社科基金项目申请书:数据表

二、课题设计论证

> 本次参照以下提纲撰写,要求逻辑清晰。主题突出。层次分明。内容翔实。排版清晰。除"研究基础"填在表三外,本表内容与《活页》内容一致。
>
> 1.[选题依据] 国内外相关研究的学术史梳理及研究动态(略写),本课题相对于已有研究的独到学术价值和应用价值等,特别是相对于国家社科基金已立同类项目的新进展。
>
> 2.[研究内容] 本课题的研光对象、框架思路、重点难点、主要目标、研究计划及其可行性等。(框架思路要列出研究提纲或目录)
>
> 3.[创新之处] 在学术思想、学术观点、研究方法等方面的特色和创新。
>
> 4.[预期成果] 成果形式、使用去向及预期社会效益等。(略写)
>
> 5.[参考文献] 开展本课题研究的主要中外参考文献。(略写)

图 4-3　2021 年度国家社科基金项目申请书:课题设计论证

三、研究基础

> 本表参照以下提钢撰写，要求填写内容真实准确。
>
> 1.[学术简历] 课题负责人的主要学术简历、学术兼职，在相关研究领域的学术积累和贡献等。
>
> 2.[研究基础] 课题负责人前期相关代表性研究成果、核心观点及社会评价等。
>
> 3.[承担项目] 负责人承担的各级各类科研项目情况，包括项目名称、资助机构、资助金额、结项情况、研究起止时间等。
>
> 4.[与已承担项目或博士论文的关系] 凡以各级各类项目或博士学位论文（博士后出站报告）为基础申报的课题，须阐明已承担项目或学位论文（报告）与本课题的联系和区别。（略写）

说明：前期相关代表性研究成果限制 5 项。成果名称、形式（如论文、专著、研究报告）须与《课题认证》活页相同。活页中不能填写的成果的作者、发表刊物或出版社名称、发表或出版时间等信息要在本表中加以注明。与本课题无关的成果不能作为前期成果填写；合作者注明作者排序。

图 4-4 2021 年度国家社科基金项目申请书：研究基础

四、经费概算

	序号	经费开支科目	金额(万元)	序号	经费开支科目	金额(万元)
直接费用	1.	资料费		5.	专家咨询费	
	2.	数据采集费		6.	劳务费	
	3.	会议费/差旅费/国际合作与交流费		7.	印刷出版费	
	4.	设备费		8.	其他支出	
间接费用				合计		

注:经费开支科目参见《国家社会科学基金项目资金管理办法》。

五、课题负责人所在单位审核意见

申请书所填写的内容是否属实;该课题负责人及参加者的政治和业务素质是否适合承担本课题的研究工作;本单位能否提供完成本课题所需的时间和条件;本单位是否同意承担本项目的管理任务和信誉保证。

申请书所填写的内容属实:该课题负责人及参加者的政治和业务素质适合承担本课题的研究工作;本单位能提供完成本课题所需的时间和条件:本单位同意承担本项目的管理任务和信誉保证。

科研管理部门公章   单位公章

2021年 3月 日   2021年 3月 日

六、各地社科规范管理部门或在京委托管理机构审核意见

对课题负责人所在单位意见的审核意见;是否同意报全国哲学社会科学工作办公室送学科评审组评审;其他意见。

单位公章

2021年 3月 日

图 4-5 2021年度国家社科基金项目申请书:其他部分

七、评审意见

学科组人数		实到人数		表决结果	
赞成票		反对票		弃权票	
建议资助金额	主审专家意见		万元	学科评审组意见	万元
主审专家意见	\multicolumn{5}{l}{1. 准予立项的理由；2. 改进建议。 主审专家签字： 　　　　年　月　日}
学科组意见	\multicolumn{5}{l}{ 学科组召集人签字： 　　　　年　月　日}

图 4-6　2021 年度国家社科基金项目申请书：评审意见

| 项目登记号 | | 项目序号 | |

国家社会科学基金项目通讯评审意见表

评价指标	权重	指标说明	专家评分							
选题	3.	主要考察选题的学术价值或应用价值,对国内外研究状况的总体把握程度。	10分	9分	8分	7分	6分	5分	4分	3分
论证	5.	主要考察研究内容、基本观点、研究思路、研究方法、创新之处。	10分	9分	8分	7分	6分	5分	4分	3分
研究基础	2.	主要考察课题负责人的研究积累和成果。	10分	9分	8分	7分	6分	5分	4分	3分
综合评价		是否建议入围	A.建议入围				B.不建议入围			
备注										
		评审专家（签章）：								

说明：1. 本表由通讯评审专家填写。申请人不得填写。项目登记号和项目序号不填。

2. 请在"评价指标"对应的"专家评分"栏选择一个分值画圈，不能漏画，也不能多画，权重仅供参考；如建议该课题入围，请在"综合评价"栏A上画圈，不建议入围的圈选B。"备注"栏可简要填写需要说明的其他事项或不填写。本表须评审专家本人签字或盖章有效。

国家社会科学基金项目课题认证活页

课题名称：

本表参照以下提纲撰写，要求逻辑清晰。主题突出。层次分明。内容翔实。排版清晰。除"研究基础"外，本表与《申请书》表二内容一致，总字数不超过7000字。

1. **[选题依据]** 国内外相关研究的学术史梳理及研究动态（略写），本课题相对于已有研究的独到学术价值和应用价值等，特别是相对于国家社科基金已立同类项目的新进展。
2. **[研究内容]** 本课题的研究对象、框架思路、重点难点、主要目标、研究计划及其可行性等。（框架思路要列出研究提纲或目录）
3. **[创新之处]** 在学术思想、学术观点、研究方法等方面的特色和创新。
4. **[预期成果]** 成果形式、使用去向及预期社会效益等。（略写）
5. **[研究基础]** 课题负责人前期相关代表性研究成果、核心观点等。（略写）
6. **[参考文献]** 开展本课题研究的主要中外参考文献。（略写）

图4-7　2021年度国家社科基金项目：课题活页

4.1 2021年国家社会科学基金申报材料要求的新变化

4.1.1 申报材料准备时间有变化

2021年从发布申报通知到申报截止整个时间长度和2020年差不多，比前面几年有所延长。

2020年从发布申报通知到申报截止经过了一次延期，2021年则直接把截止时间放到3月15日，如图4-8、图4-9、图4-10所示。

需要注意的是：具体的提交申报材料的时间安排，不同的学校、不同的单位可能存在差异。很多学校也会提前安排自己的申报截止时间，但大部分提交检查后，可以退回修改，最后按照国家社科办规定的时间提交。

2020年度国家社会科学基金项目申报公告

2019年12月20日14:48 来源：全国哲学社会科学工作办公室

十九、课题申报时间为2019年12月20日至2020年2月15日。各地社科规划管理部门和新疆生产建设兵团社科规划办、在京委托管理机构须于2020年2月18日前，将汇总并认真校对后的《申请书》中"数据表"数据发至我办邮箱（npopss@vip.163.com），并确保电子数据和《申请书》中"数据表"一致；2月20日前将纸质版《申请书》和《活页》、电子版《申请书》、统计表送至我办，逾期不予受理。

全国哲学社会科学工作办公室

2019年12月20日

图4-8 2020年度国家社科基金项目申报公告

关于延长2020年度国家社科基金项目申报周期的通知

2020年01月27日 11:47

各省、自治区、直辖市社科工作办（规划办），新疆生产建设兵团社科规划办，中国社科院科研局，中央党校（国家行政学院）科研部，教育部社司，全国教育科学规划办、全国艺术科学规划办、全军社科规划办：

为做好新型冠状病毒感染的肺炎疫情防控工作，有效减少人员聚集，阻断疫情传播，更好保障科研人员身体健康，经研究决定，2020年国家社科基金项目申报材料提交时间适当延期。

1. 课题申报截止时间延至2020年2月28日。

2. 请各地社科规划管理部门和新疆生产建设兵团社科规划办、在京委托管理机构于2020年3月2日前，将汇总并认真校对后的《申请书》中"数据表"数据发至我办邮箱（npopss@vip.163.com），并确保电子数据和《申请书》中"数据表"一致；3月5日前将纸质版《申请书》和《活页》、电子版《申请书》、统计表报送至我办。

3. 根据事态发展，后续工作安排如有调整将另行通知，请及时关注。

全国哲学社会科学工作办公室

2020年1月27日

图 4-9　2020年度国家社科基金项目申报公告（延长）

2021年度国家社会科学基金项目申报公告

2021年01月06日 15:56　来源：全国哲学社会科学工作办公室

十九、课题申报时间为**2021年1月6日至2021年3月15日**。各地社科管理部门和新疆生产建设兵团社科规划办、在京委托管理机构须于**2021年3月18日前**，将汇总并认真校对后的《申请书》中"数据表"数据发至我办邮箱（npopss@vip.163.com），并确保电子数据和《申请书》中"数据表"一致；**3月20日前**将纸质版《申请书》和《活页》、电子版《申请书》、统计表报送至我办，逾期不予受理。

受新冠肺炎疫情影响，2021年度国家社科基金项目申报工作安排如有变化，我办将第一时间另行通知。

全国哲学社会科学工作办公室

2021年1月6日

图 4-10　2021年度国家社科基金项目申报公告

4.1.2 论证部分内容有增减

2021 年《国家社会科学基金项目课题论证活页》论证部分如图 4-11 所示。

国家社会科学基金项目课题论证活页
课题名称：
本表参照以下提纲撰写，要求逻辑清晰，主题突出，层次分明，内容翔实，排版清晰。除"研究基础"外，本表与《申请书》表二内容一致，总字数不超过 7000 字。 1. [选题依据] **国内外相关研究的学术史梳理及研究动态（略写）**；本课题相对于已有研究的独到学术价值和应用价值等，**特别是相对于国家社科基金已立同类项目的新进展**。 2. [研究内容] 本课题的研究对象、**框架思路**、重点难点、主要目标、研究计划及其可行性等。**（框架思路要列出研究提纲或目录）** 3. [创新之处] 在学术思想、学术观点、研究方法等方面的特色和创新。 4. [预期成果] 成果形式、使用去向及预期社会效益等。**（略写）** 5. [研究基础] 课题负责人前期相关代表性研究成果、核心观点等。**（略写）** 6. [参考文献] 开展本课题研究的主要中外参考文献。**（略写）**

图 4-11 2021 年度国家社科基金项目课题论证活页

2021 年《国家社会科学基金项目申请书》论证部分如图 4-12 所示。

2020 年《国家社会科学基金项目课题论证活页》论证部分如图 4-13 所示。

2020 年《国家社会科学基金项目申请书》论证部分如图 4-14 所示。

| 项目登记号 | | | 项目序号 | |

国家社会科学基金项目
申 请 书

二、课题设计论证

本表参照以下提纲撰写,要求逻辑清晰,主题突出,层次分明,内容翔实,排版清晰。除"研究基础"填在表三外,本表内容与《活页》内容一致。

1. [选题依据] **国内外相关研究的学术史梳理及研究动态(略写)**;本课题相对于已有研究的独到学术价值和应用价值等,**特别是相对于国家社科基金已立同类项目的新进展。**

2. [研究内容] 本课题的研究对象、框架思路、重点难点、主要目标、研究计划及其可行性等。**(框架思路要列出研究提纲或目录)**

3. [创新之处] 在学术思想、学术观点、研究方法等方面的特色和创新。

4. [预期成果] 成果形式、使用去向及预期社会效益等。**(略写)**

5. [参考文献] 开展本课题研究的主要中外参考文献。**(略写)**

三、研究基础

本表参照以下提纲撰写,要求填写内容真实准确。

1. [学术简历] 课题负责人的主要学术简历、学术兼职,在相关研究领域的学术积累和贡献等。

2. [研究基础] 课题负责人前期相关代表性研究成果、核心观点及社会评价等。

3. [承担项目] 负责人承担的各级各类科研项目情况,包括项目名称、资助机构、资助金额、结项情况、研究起止时间等。

4. [与已承担项目或博士论文的关系] 凡以各级各类项目或博士学位论文(博士后出站报告)为基础申报的课题,须阐明已承担项目或学位论文(报告)与本课题的联系和区别。**(略写)**

说明:前期相关代表性研究成果限报5项,成果名称、形式(如论文、专著、研究报告等)须与《课题论证》活页相同,活页中不能填写的成果作者、发表刊物或出版社名称、发表或出版时间等信息要在本表中加以注明。与本课题无关的成果不能作为前期成果填写;合作者注明作者排序。

图 4-12 2021 年度国家社会科学基金项目申请书

国家社会科学基金项目课题论证活页

课题名称：

本表须以下提纲撰写，要求逻辑清晰，主题突出，层次分明，内容翔实，排版清晰。除"研究基础"外，本表与《申请书》表二内容一致，总字数不超过7000字。

1. [选题依据] 国内外相关研究的学术史梳理及研究动态；本课题相对于已有研究的独到学术价值和应用价值等。
2. [研究内容] 本课题的研究对象、总体框架、重点难点、主要目标等。
3. [思路方法] 本课题研究的基本思路、具体研究方法、研究计划及其可行性等。
4. [创新之处] 在学术思想、学术观点、研究方法等方面的特色和创新。
5. [预期成果] 成果形式、使用去向及预期社会效益等。
6. [研究基础] 课题负责人前期相关研究成果、核心观点等。
7. [参考文献] 开展本课题研究的主要中外参考文献。

说明：
1. 活页文字表述中不得直接或间接透露个人信息及相关背景资料，否则取消参评资格。
2. 课题名称表述《申请书》一致，一般不加副标题。前期研究成果限报5项，只提成果名称、成果形式（如论文、专著、研究报告等）、作者排序、是否核心期刊等，**不得填写作者姓名、单位、刊物及出版社名称**。发表时间或刊期等。申请人未获立的已结项或在研项目、与本课题无关的成果等不能作为前期成果填写。申请人的前期成果不列入参考文献。
3. 本表须用A3纸双面印制中缝装订，一般为8个A4版面，《通讯评审意见表》作为第一页。正文请用合适字号行距排版，各级标题可用黑体字。

图4-13　2020年度国家社科基金项目课题论证活页

项目登记号：　　　　　　　**项目序号：**

国家社会科学基金项目
申　请　书

二、课题设计论证

本表参照以下提纲撰写，要求逻辑清晰，主题突出，层次分明，内容翔实，排版清晰。除"研究基础"填在表三外，本表内容与《活页》内容一致。

1. [选题依据] 国内外相关研究的学术史梳理及研究动态；本课题相对于已有研究的独到学术价值和应用价值等。
2. [研究内容] 本课题的研究对象、总体框架、重点难点、主要目标等。
3. [思路方法] 本课题研究的基本思路、具体研究方法、研究计划及其可行性等。
4. [创新之处] 在学术思想、学术观点、研究方法等方面的特色和创新。
5. [预期成果] 成果形式、使用去向及预期社会效益等。
6. [参考文献] 开展本课题研究的主要中外参考文献。

三、研究基础和条件保障

本表按照以下提纲撰写，要求填写内容真实准确。

1. [学术简历] 课题负责人的主要学术简历、学术兼职，在相关研究领域的学术积累和贡献等。
2. [研究基础] 课题负责人前期相关研究成果、核心观点及社会评价等。
3. [承担项目] 负责人承担的各级各类科研项目情况，包括项目名称、资助机构、资助金额、结项情况、研究起止时间等。
4. [与已承担项目或博士论文的关系] 凡以各级各类项目或博士学位论文（博士后出站报告）为基础申报的课题，须阐明已承担项目或学位论文（报告）与本课题的联系和区别。
5. [条件保障] 完成本课题研究的时间保证、资料设备等科研条件。

说明：前期相关研究成果限报5项，成果名称、形式（如论文、专著、研究报告等）须与《课题论证》活页相同。活页中不能填写的成果作者、发表刊物或出版社名称、发表及出版时间等信息须在本表中加以说明；与本课题无关的成果不能作为前期成果填写；合作者请注明作者排序。

图4-14　2020年度国家社科基金项目课题申请书

比较 2020 年和 2021 年的《国家社会科学基金项目课题论证活页》，2021 年论证部分中的黑体文字与往年有不同之处。2021 年项目论证部分内容提出了更加明确的要求。

2020 年和 2021 年的《国家社会科学基金项目申请书》中有几处标明了略写，2021 年的《国家社会科学基金项目申请书》的学术史和研究动态、预期成果、参考文献、与已承担项目或博士论文的关系等，标明了要"略写"。

2021 年项目论证部分"本课题相对于已有研究的独到学术价值和应用价值"后面加了"特别是相对于国家社会科学基金已立同类项目的新进展"。申请人需要说明：当前申报的选题，在过去国家社会科学基金项目中有没有立项？如果已经有同类选题立项了，要去关注其研究进展，防止重复申报。这不是说类似课题已经立项就不可以申报了，而是需要从学术史梳理与研究动态、价值阐释等方面说明申请人申报课题的新进展。说明申请人的课题与已经立项的课题相比更新了什么。可以登录全国哲学社会科学规划办公室网站有数据库查询立项课题题目。全国哲学社会科学规划领导办公室，主要通过年度《申报公告》《成果要报》《哲学社会科学成果文库》《"国家社会科学基金"专刊》发布相关信息。

"[研究内容]"中的"总体框架"修改成了"框架思路"，且要求"框架思路要列出研究提纲或目录"，改变了原来经常出现的"总体框架"只写一段话的写法，要求列出大纲或目录，要相对更详细地说明研究内容。

2021 年论证部分"三、研究基础"部分，与 2020 年论证部分"三、研究基础和条件保障"相比，去掉了"条件保障"。

2021 年《国家社会科学基金项目申请书》的论证部分如图 4-15 所示。

国家社会科学基金项目申请书

二、课题设计论证

本表参照以下提纲撰写，要求逻辑清晰，主题突出，层次分明，内容翔实，排版清晰。除"研究基础"填在表三外，本表内容与《活页》内容一致。

1. [选题依据] 国内外相关研究的学术史梳理及研究动态（略写）；本课题相对于已有研究的独到学术价值和应用价值等，特别是相对于国家社科基金已立项同类项目的新进展。
2. [研究内容] 本课题的研究对象、框架思路、重点难点、主要目标、研究计划及其可行性等。（框架思路要列出研究提纲或目录）
3. [创新之处] 在学术思想、学术观点、研究方法等方面的特色和创新。
4. [预期成果] 成果形式、使用去向及预期社会效益等。（略写）
5. [参考文献] 开展本课题研究的主要中外参考文献。（略写）

三、研究基础

本表参照以下提纲撰写，要求填写内容真实准确。

1. [学术简历] 课题负责人的主要学术简历、学术兼职，在相关研究领域的学术积累和贡献等。
2. [研究基础] 课题负责人前期相关代表性研究成果、核心观点及社会评价等。
3. [承担项目] 负责人承担的各级各类科研项目情况，包括项目名称、资助机构、资助金额、结项情况、研究起止时间等。
4. [与已承担项目或博士论文的关系] 凡以各级各类项目或博士学位论文（博士后出站报告）为基础申报的课题，须阐明已承担项目或学位论文（报告）与本课题的联系和区别。（略写）

说明：前期相关代表性研究成果限报5项，成果名称、形式（如论文、专著、研究报告等）须与《课题论证》活页相同，活页中不能填写的成果作者、发表刊物或出版社名称、发表或出版时间等信息要在本表中加以注明。与本课题无关的成果不能作为前期成果填写；合作者注明作者排序。

图 4-15 2021 年度国家社科基金项目申请书

2020年《国家社会科学基金项目申请书》的论证部分如图4-16所示。

三、研究基础和条件保障

本表参照以下提纲撰写，要求填写内容真实准确。

1. [学术简历] 课题负责人的主要学术简历、学术兼职，在相关研究领域的学术积累和贡献等。
2. [研究基础] 课题负责人前期相关研究成果、核心观点及社会评价等。
3. [承担项目] 负责人承担的各级各类科研项目情况，包括项目名称、资助机构、资助金额、结项情况、研究起止时间等。
4. [与已承担项目或博士论文的关系] 凡以各级各类项目或博士学位论文（博士后出站报告）为基础申报的课题，须阐明已承担项目或学位论文（报告）与本课题的联系和区别。
5. [条件保障] 完成本课题研究的时间保证、资料设备等科研条件。

说明：前期相关研究成果限报5项，成果名称、形式（如论文、专著、研究报告等）须与《课题论证》活页相同，活页中不能填写的成果作者、发表刊物或出版社名称、发表或出版时间等信息要在本表中加以注明。与本课题无关的成果不能作为前期成果填写；合作者注明作者排序。

图 4-16 2020 年度国家社科基金项目申请书

4.1.3 论证部分"研究方法"并入"研究内容"

2020 年论证《国家社会科学基金项目课题论证活页》的要求有 7 条,其中第 3 条是"思路方法"。2021 年论证《国家社会科学基金项目课题论证活页》的要求只有 6 条,去掉了"思路方法",把"思路方法"并到了"研究内容"里,改写成"框架思路",如图 4-11、图 4-13 所示。

通过这种变化可以看出:

(1) 整个国家社会科学基金项目申请书(或论证活页)更加强调研究价值、研究内容的整体性、创新之处。"学术史梳理与研究动态"明确要求"略写","预期成果、参考文献、与已承担项目或博士论文的关系等"也要求"略写",研究基础都去掉了"条件保障"。保留下的才是重点,2021 年对研究内容的整体性提出了更高的要求。要从研究价值、研究内容的整体设计、创新之处三个方面为重点进行国家社会科学基金项目申请书的写作。

(2)"研究内容"要求更明确、更详细、更强调论证整体性。2021 年之前"思路方法"跟"研究内容"是分开写的,但逻辑上应合并一起写。以前写研究内容大纲的时候,是先写第一部分、第二部分、第三部分等,写思路方法上也是写第一步、第二步、第三步等,有点重复,申请人也经常不清楚两种写法的差异。

4.2 开头文字的写法（活页、申请书）

4.2.1 开头文字的作用

在论证开头处写一段文字，是确定整个国家社会科学基金项目申请书写作思路的"主线"，也是通过组织文字的过程再一次思考，实现"问题清晰化、思路条理化、内容结构化"。

"申请书不是写出来的，是思考出来的！"

在开始写申请书时，一定是把所有的问题都基本想清楚了再写。

申请书开头写一段文字保证了后续的写作中，知道研究主题是什么，要写什么，论证的写作主线是什么。在写作过程中，要经常回头看看这段文字，防止写的时候偏离了"主线"。

申请书开头处写一段话，如同博士论文写作中的"问题提出与研究意义"或论文中的"引言"，但课题申请书有字数限制，不能像博士论文中的"问题提出与研究意义"那样不考虑字数限制，申请书的文字要求"精练再精练"。

申请书开头处的文字，大约需要简洁地表述三层意思：说明问题的重要性、别人相关研究存在的不足、申请人如何开展研究，即**"问题很重要；当前研究有问题；申请人能解决问题"**。

说明问题（现实问题）的重要性时，一定要是自己发现的问题，不是听别人说的，除了重要领导讲话之外，不能引用别人的表述。"这个问题"的现实表现一定要有官方公开数据证明、支撑。

说明当前的研究存在可以改进的地方，是对当前研究的现状说明。

在评价别人的研究时，要简洁明了，区别于"学术史梳理与研究动态"中的"评价部分"。

最后简洁地表明申请人与别人想法的不同，说明准备如何研究，如何解决这个问题。

一定要分三个句子来表述三层意思，让评审专家容易找到每层意思。

一般认为，应该先找到"问题"再开始课题申报材料写作。但在申请书的写作过程中，首先寻找选题的"关键词"，然后根据"关键词"去寻找现实中"这个问题"的表现形式。虽然写作申请书应严格遵守"问题导向"，但选题的"关键词"是先于"在现实中寻找存在的问题"决定的。

如笔者2020年度国家社会科学基金重点项目"我国贫困治理组合政策中长期效果评估研究"就是先确定研究"扶贫效果评估"，再去寻找评估相关研究中存在的问题。

申请书未列出具体研究问题，就会直接出局。问题意识是学术研究的灵魂，如果没有确定问题，便无法知道要研究什么，会给评审专家留下问题不明确的印象。懂得课题申报的人，一定懂得在一开始就提出问题，把自己的研究问题置于申报书最明显的位置，因为它最重要、最核心。若对研究问题只是隐含的表述，会使课题质量大打折扣。一个匿名评审专家大约要看多份申报书，千万不要让评审专家花时间去猜申请人的想法。

（1）描述现实中存在的问题。课题研究是为了解决现实问题而进行的研究活动，科学研究要"以问题为导向"，对现实问题的描述是重要内容之一。描述现实中存在的问题的方法一般有"自然的语言文字描述""数理逻辑模型的描述""利用统计指标的描述"等，若引入时空演进，也可以说明问题的发展阶段与特点。对现实中存在问题的描述要有现实数据或实例支撑，证明这个现实问题不是申请人凭空想象的。

要准确描述当前这个问题的重要性。在对当前这个问题重要性的描述中,既要说明现实中存在问题,需要解决,又不能为了课题立项而危言耸听地夸大问题。把现实中的这个问题无限夸大就会与我国当前已经取得的成就不符。一定要说明"这个问题"是在前进过程中的问题,是可以解决的问题。决不能在描述这个问题时犯政治性错误,一切要依据党中央的文件精神和提法选择措辞。

(2)要对现实中存在的问题产生的原因进行简洁的归因。对问题产生根源及其形成过程进行描述,这是国家社会科学基金项目申请书核心内容之一,也是连接"现实中存在的问题"与"课题研究提出对策建议"的逻辑纽带。

(3)寻找和正确描述当前学者们对解决现实中存在问题的研究中存在的问题,是学术研究者的工作重点和职责所在。一般认为,现实中存在问题的原因是:解决问题的指导方针错误或执行者具体操作的失误。但申请人只是一个研究者,不能过度关心具体实施操作中的问题,而应把焦点放在指导性的"学术研究"层面。要对当前的相关研究进行一个概括性描述,并且进行一个概括式的批评,以衬托课题研究的作用。

对"这个问题"进行研究,原因有两个:①"这个问题"在现实中很重要,不解决后果很严重,所以需要解决;"这个问题"在理论上很重要,不解决可能会影响整个理论体系的完整性。②若这个问题很重要,一定会有很多学者发现,并进行了深入的相关研究,得出了相关结论。申请人之所以研究这个问题,是发现了别的学者在对这个问题的研究中需要改进的地方,如视角选择需要改进、采用的理论需要改进、采用的数据需要改进、解决问题的逻辑推理过程需要改进、研究结论存在问题、提出的对策建议没有可操作性等。对上述问题的描述对申请人来说比描述这个问题很重要更加重要。

这个问题很重要不是研究选题的理由，因为很多学者已经进行了研究并得出了结论。研究这个问题的主要原因是对别的学者的相关研究进行修正。

一般认为，国家社科基金项目研究的最终成果主要有两个去向：①为政府决策者提供建议。记住我们只是提供"建议"，并不是解决这个问题的实际执行者；②与广大研究者交流。"课题下一步的研究方向"可以为其他学者对这个问题的持续研究提供选题基础。

对现实问题及对其他学者研究中存在问题的进行描述后，要转向对自己研究思路、方法、目标的简单叙述，让评审专家们在第一段中就大致了解"发现了什么问题""准备如何解决问题""采用什么理论、方法""运用什么数据""会有什么样的结论""有什么新意"等。

一定要让评审专家方便地找到他们想要了解的信息，评审专家不想要的信息或与标题无关的文字坚决删除。别以为写的文字多就是好，写的文字多，又不在重点上，说明根本不知道写什么，更加证明对这个问题的研究不够了解。写出的文字多，容易暴露知识的盲点，评审专家们一眼就会看出申请人的水平。没有用的文字千万别写，已经写上的坚决删除，只保留对课题申请书有用的文字。

4.2.2 开头文字的写法

申请书开头的文字一定要有确切的科学问题和凝练得令人信服的研究思路。

通过事实（官方数据证明），清晰描述选题的研究背景，分析国内外研究现状及发展动态，总结前人工作，引出尚未解决的问题，结合科学研究发展趋势论述科学意义，或结合国民经济和社会发展中迫切需要解决的关键科技问题论述应用前景。

充分论证申请人自己的想法和思路，并阐述清楚将要开展研究工作的科学价值，进而提出自己的研究内容。做到条理清晰、层次分明，选题的引出和描述应由面到点、逐步深入，逻辑连贯。也可以把自己在该领域的研究与立项依据有机组合起来，增加实现预期目标的可信度。

4.2.3 案例点评

例1：

图4-17中的例子存在的问题是：没有说明当前存在的问题，选题依据写成研究的意义了。

> **二、课题设计论证**
>
> 一、选题依据
>
> 2019年3月18日，习近平总书记在学校思想政治理论课（以下简称"思政课"）教师座谈会上的重要讲话中明确提出，"要把统筹推进大中小学思政课一体化建设作为一项重要工程，推动思政课建设内涵式发展"，并强调"办好思想政治理论课关键在教师，关键在发挥教师的积极性、主动性、创造性"。思政课教师是思政课教学的主要实施者和办好思政课的关键，推进大中小学思政课一体化建设，必然要求思政课教师工作角色实现机制建设，这也是办好思政课的关键环节，有着十分重要的理论意义与实践价值。

图4-17 案例

例2：

图4-18中的例子存在的问题是：仅说明了这个问题的重要性，以及现实中存在"认识不足""宣传不够""缺乏有效引导"等问题，没有涉及其他学者对这个问题研究的主要结论及存在的问题。

> **(一)课题来源**
>
> 我国实施乡村振兴战略以来,乡村旅游作为旅游服务业与传统农业融合发展的产物,是推行乡村振兴战略、推进美丽乡村建设和农业农村现代化的有力举措。乡村旅游业的发展不仅能够在经济上取得成果,更能够为城市的劳动力市场起到有效的调节作用,实现城市劳动力市场的稳定与平衡。红色乡村旅游作为旅游业的重要组成部分,有着重要地位。随着人们对特色旅游追求热度的提升,需求也在不断扩大,寻求红色乡村旅游的产业化发展正是最为合适的契机。红色乡村旅游发展有着时代背景,能够以其独特的红色文化对社会产生极为深远的影响,促进爱国主义教育的加强,提升全民对传统革命文化的认知,提高对革命历史文化遗产的保护与传承意识,促进我国红色革命老区的均衡发展。洪湖市是我国红色文化重要和具有代表性的红色乡村旅游区域之一,这里有国内闻名的"洪湖赤卫队""瞿家湾"等相关红色旅游标志。但因为洪湖市对红色乡村旅游认识不足、红色乡村广告宣传度不高,以及洪湖市政府的相关部门缺乏有效引导等,因此,本文以新的时代背景与形势为依托,制订洪湖红色乡村旅游,同时以红色旅游与乡村旅游业发展相结合进行了研究分析,希望对其今后红色旅游发展有所帮助。

图 4-18 案例

例 3:

图 4-19 中的例子存在的问题是:仅说明了研究的意义,而对为什么要研究没有涉及。

> **1. 选题依据**
>
> 逻辑思维能力是用科学方法准确而有条理地表达思维过程的能力,包括观察、分析、判断、概括、比较、推理等能力。在内涵方面与核心素养、关键能力、批判精神、创新思维等概念关注重点虽然不同,但其是后者的基础,是认识、分析、解决问题能力的核心。逻辑思维能力也是衡量竞争力强弱的重要指标,各国都将其培养作为教育重要目标之一。高中生处于义务教育向高等教育过渡阶段,是建立知识结构和强化思维能力训练的关键期,培养其逻辑思维能力对我国教育及国家发展的意义十分重大。

图 4-19 案例

例 4:

笔者的案例。题目:2016 年度国家社会科学基金项目"农民工家庭'链式迁移'与城市接纳方式研究"(16BJY102)。

笔者在"申请书开头的文字"中简洁表述三层意思:问题的重要性、别人相关研究存在的不足、申请人如何开展研究。如图 4-20 所示。

> **·1.1 研究背景与研究意义**
>
> **1. 研究背景**
>
> 　　乡村振兴战略是农村农业优先发展战略的重大战略部署,是新时代"三农"工作的总抓手,是促进实现农业发展、农业现代化、农民增收、促进农村经济社会发展、实现农民生活富裕的治本之策。实施乡村振兴战略是继农业农村现代化建设,新农村建设后激活农村发展活力,全面建成小康社会,解决社会不平衡、不充分矛盾的现实需要。《中共湖北省委湖北省人民政府关于推进乡村振兴战略实施的意见》提出"到2020年,乡村振兴取得重要进展、走在中部前列,制度框架和政策体系基本形成",为湖北省乡村振兴战略实施提出了要求。
>
> 　　在农村政策实施过程中,"一刀切"的政策实施方式并未取得好的效果,甚至带来了负面效应。湖北省实施乡村振兴战略,首先要根据乡村发展的不同状态选择差异化实施路径。差异化路径选择是湖北省实施乡村振兴需要解决的重大现实问题。
>
> 　　本课题根据湖北省乡村经济与社会发展不平衡现状,采用梯度发展理论将湖北省乡村根据发展阶段、发展状态划分为多个梯度,如贫困乡村、发展中乡村、发达乡村等,分析不同梯度类型乡村振兴的特点,给出包括"集聚提升、融入城镇、特色保护、搬迁撤并"差异化的路径选择,并针对不同实施路径给出实施的对策建议。

图 4-20　案例

4.3 [选题依据]的写法(活页、申请书)

"学术史梳理及研究动态是用你自己的语言去描述别人的研究。"(杜为公,2015)

"不能把握当前研究现状,就谈不上超越和创新。"(杜为公,2008)

"学术价值和应用价值立意要高,落地要实。"(杜为公,2015)

——《老杜金句》摘句(国家社科基金项目申请)

国内外相关研究的学术史梳理及研究动态应略写;应写出本课题相对于已有研究的独到学术价值和应用价值等,特别是相对于国家社会科学基金已立同类项目的新进展。

写作时，先写出各级标题，然后按照标题写出以下内容：

[选题依据] 国内外相关研究的学术史梳理及研究动态（略写）；本课题相对于已有研究的独到学术价值和应用价值等，特别是相对于国家社会科学基金已立同类项目的新进展。

1. 国内外相关研究的学术史梳理及研究动态

（1）国内相关研究的学术史梳理及研究动态；

（2）国外相关研究的学术史梳理及研究动态；

（3）国内外相关研究及动态评价。

2. 本课题相对于已有研究的独到学术价值和应用价值

（1）本课题相对于已有研究的独到学术价值；

（2）本课题相对于已有研究的独到应用价值。

3. 相对于国家社会科学基金已立同类项目的新进展

（1）已立同类项目的基本情况；

（2）相对于已立同类项目的新进展。

"选题依据"在《国家社会科学基金项目通讯评审意见表》中的权重是3分，主要考查申请人对"选题的学术价值或应用价值，对国内外研究状况的总体把握程度"。主要评价指标是"选题"。

评审专家主要考查申请人对相关研究领域信息感知和反应能力，考查申请人的归纳整理能力。从"选题依据"中可以了解申请人对课题研究领域的把握程度，了解申请人的基本学术水平。

2014年以前，国家社会科学基金项目申请书上的此项标题为"国内外研究现状述评"，后来修改为"国外相关研究的学术史梳理及研究动态"，说明国家社会科学基金项目申请书提出了新的要求，写作内容也要随之变化。

国家社会科学基金项目申请书中的"国外相关研究的学术史梳理及研究动态"标题要求，明显区别于博士毕业论文中的"综述""述评"。"综述"是先"综"后"述"，"述评"是先"述"后"评"，"述评"的意义与"综述"不同。

2021年活页中此项要求"（略写）"则难度更大。因为篇幅字数越少对写作要求越高。博士论文不加字数限制、随意放开写的方式，不适合国家社会科学基金项目申请书的写作要求。

"国内外相关研究的学术史梳理"与"研究动态"之间具有强烈的相关性。

对研究动态的评价是学术史梳理的"结束语"，也是研究内容展开的"开头语"。申请人是针对前人研究的不足开展研究的，解决前人研究不足的方案就在下面的框架思路中。

"国外相关研究的学术史梳理及研究动态"写作的成功与否，直接关系到课题申请书中创新之处的写作内容，也是避免进行低水平重复课题研究的基本判断标准。

4.3.1 关于"国内外相关研究的学术史梳理及研究动态（略写）"

"学术史梳理及研究动态"表达的是一个连续的、动态的时间概念。

1. 学术史

"学术史"是"过去"，"研究动态"是"现在、未来"。需要写的是对这个问题研究的"过去""现在"和"未来"，"未来"的写作视角是研究趋势变化、动态变化和对未来一段时间的研究总体预测。对于有时效性的选题，当前的研究与近期的研究更加重要。准备研究基础时对一个学科学术史的了解很重要，熟悉学术史才能选择最重要、最新、最前沿，内容不重复的相关文献。

2. 梳理

梳理是对这个问题相关研究过程进行有目的、有依据、有观点、有重点的描述，不只是简单的资料堆积，要依据某个因素分类，用自己的语言对别人的研究成果进行描述。一般梳理的写法可以按学科领域分类，按学术观点分类，按学术流派分类，按历史发展阶段分类，按研究程序或研究方法分类，按研究目标分类，按研究过程分类，按研究目的分类。用于分类的这个因素可以是研究对象、研究观点、研究过程、研究目的等。

若按照时间进程进行梳理，则需要将对这个问题的相关研究分成不同的时间阶段。这个时间阶段不是按照时间的长度平均划分的，需要给出分阶段的依据。历史发展阶段分类需要说明研究的历史演进、重要时间点、发展阶段。

不能按照人名堆积，不能拖沓，与课题研究内容、研究目标无关的内容千万不写。研究目标一定要在研究内容上体现出来，需要按照申请人涉及的研究内容进行梳理和动态评价。

学术史梳理及研究动态要对重要的学术流派、学术观点、争论焦点、存在问题等进行梳理和归纳。梳理不只是简单的介绍，简单罗列文献是远远不够的。而是立足于前期研究，做出自己的判断：学者们对这个问题的贡献在哪里，不足又在哪里？然后，从前人研究的不足入手来论述存在的问题、解决问题方案，这就是"以问题为导向"的写作方法，也是课题研究的写作范式。

学术史梳理及研究动态应当包含"综""梳""述""评"，做到"综中有述""述中有评"。申请人只需要评价与研究相关的内容，并简要说明观点。

3. 评价

评价是在肯定前人研究成果的基础上，对应课题研究的问题，说明前人研究中存在的问题（或没有研究的问题），评价中的观点与研究内容要相对应。"学术史梳理及研究动态"在写作时要保持与研究内容严格一致。**要对具体存在的问题进行有针对性的评价。**评价别人研究存在的问题，就是要解决的问题。不是在研究中解决的问题，就不需要对别人的研究进行评价。评价可以放在"学术史梳理及研究动态"标题下面内容的最后部分，不可或缺。

评价结束后要说明申请人通过什么路径和方法解决这个问题的。用一段文字简要说明针对上面的问题是如何开展研究的，表达课题的主要研究思想和体系，对申请人课题研究的整体安排做简要说明。要让评委感觉到"论证是在了解相关研究的历史和现状的基础上，有针对性地展开的"。

评价是申请书中心思想的反映，是用批评的方式衬托出课题研究的科学性、前沿性和创新性。一般的写法是："国外相关研究与实践经验值得借鉴，但……""国内相关研究与实践经验可以参考，但……""本研究将……"。借此向评审专家展示申请人对问题的判断能力、分析问题的能力、解决问题的能力。

4.3.2 关于"本课题相对于已有研究的独到学术价值和应用价值等"

"**学术价值和应用价值**"在写作时立意要高，落地要实；"独到学术价值和应用价值"写法的关键是"独到"。

2014 年前，国家社会科学基金项目申请书中的提示语是"选题的价值和意义"。因为很多申请人不能正确区分"价值和意义"的写法。2015 年修改为"本课题相对于已有研究的独到学术价值和应用价值等"。

"本课题相对于已有研究的独到学术价值和应用价值等"就是要阐述课题的**"研究成果对学术发展和完善有什么用""研究成果在实际应用中有什么用"**。

学术价值重点从学科建设角度写，从理论深度写，如根据课题要解决什么理论问题，说明本课题在推动学科建设、文化积累和构建新体系等方面的价值。要对价值有具体说明，如在理论上有什么突破。

应用价值从应用的角度写，侧重对于研究的应用，侧重说明本课题在解决社会经济建设中的实践问题的价值，从落实国家的重要政策文件去写，为决策部门提供的参考价值等。要对价值有具体说明，如在实践上有什么价值，或对国家经济社会发展有什么促进。

不要对课题价值强调过高，价值表述不能过于宏观、过于庞杂。要明确说明价值，不要字数太多，因为还有更重要的文字要写。

"学术价值和应用价值"要分成两部分内容写：（1）本课题相对于已有研究的独到学术价值；（2）本课题相对于已有研究的独到应用价值。

4.3.3　关于"相对于国家社会科学基金已立同类项目的新进展"

"相对于国家社会科学基金已立同类项目的新进展"一般的写法是：已立项国家社科同类项目有×个："×××××××××××××（××××年）"等，说明这个主题已经被学者们关注，相关立项都将"×××""×××"和"×××"作为重点进行了研究。根据课题组收集的结项报告和课题阶段性论文看，在××××方面仍然存在进一步研究的空间。如××××××等。本课题将××××××进行研究，因此具有一定的学术价值和应用价值。

要明确地说明已立项国家社科同类项目存在的问题，然后引出课题在研究中准备解决的问题。需要从"找到不足，找到问题"，到"补充或纠正前人的结论，或形成对立的观点，或找出困惑"。要简单说明自己的观点，找出与前人不同的观点。

"相对于国家社会科学基金已立同类项目的新进展"部分的文字主要表明申请人看懂了前人的成果，并在国家社会科学基金项目研究中对其存在的问题将进行有针对性的修正和完善，说明申请人研究的"新进展"。要对立项国家社科同类项目进行综合性的评价。

已立项课题信息可以通过全国哲学社会科学规划领导办公室的年度《申报公告》《成果要报》《哲学社会科学成果文库》《"国家社会科学基金"专刊》发布的相关信息进行收集。

4.3.4 [选题依据]写作可能出现的问题

（1）"学术史梳理及研究动态"部分采用了流水账的写作方式，即×××写了什么、×××写了什么、×××又写了什么等。对文献不加任何分组，将"梳理"写成了"罗列"。规范的写法是：不但要对学术史上的观点按照课题的研究内容进行复合分组，而且对课题研究涉及的现有相关研究要进行具体、实质的解释。

（2）在评价别人的研究成果时，要实事求是，体现申请人严谨、求实的治学态度。因此，要如实分析、论证，不能轻视他人，不能夜郎自大。在描述自己的研究设想时切忌吹牛，不能说自己的观点填补了空白等；也不要"妄自菲薄"，把别人的研究成果吹得太好，没有给自己的研究留下余地。

（3）在评价别人的研究成果时，不能把存在的问题简单地写成"当前的相关研究不系统、不全面"，否则评审专家会感觉到"申请人，没有具体说明当前研究中存在的需要改进之处，文字的前后逻辑混乱，不适合进行此项国家社会科学基金课题的研究"。若评审专家们给出这样的结论，这个课题申请就算是失败了。

有的申请人把其他学者存在的问题简单地写成"当前的相关研究理论研究较多而实证研究较少"，但看到国家社会科学基金项目申请书的参考文献中却有三篇实证研究的论文。所以，国家社会科学基金项目申请书在写作过程中是一个整体，每一个字都要经过整体考虑，不然是自己找麻烦。

（4）不能只叙述他人的观点，而不做必要的评价；不能只罗列论文而对研究现状避而不谈；不能只谈论别人的研究过程，只谈问题从何而来、由何而去，就是不谈主要观点；不能废话连篇，如大量引用他人的观点、会议文件等而不做必要的概括，没有说明申请人明确的研究切入点。

（5）将"学术史梳理及研究动态"写成了"综述"。要避免用"引用"的方法写学术史梳理及研究动态，要用自己的语言去叙述别人的观点。

4.3.5 案例点评

1. 不成功"[选题依据]"写法例子点评

例1：

图 4-21 中的例子存在的问题是：将本来应该是在申请书开头写的文字内容放在了"国内外相关研究的学术史梳理及研究动态"标题下面了，内容与标题不相符合。

二、课题设计论证

> 本表参照以下提纲撰写,要求逻辑清晰,主题突出,层次分明,内容翔实,排版清晰。除"研究基础"填在表三外,本表内容与《活页》内容一致。
>
> **1.国内外相关研究的学术史梳理及研究动态、学术价值和应用价值**
>
> 改革开放40年来,中国取得了举世瞩目的经济成就,这与中国新兴民营企业的崛起密不可分。截至2017年年底,中国民营企业贡献了全国50%以上的税收,60%以上的国内生产总值,70%以上的技术创新成果,80%以上的城镇劳动就业,90%以上的企业数量(习近平在民营企业座谈会上的讲话,2018),民营经济已成为国民经济的重要支柱。但是,在中国转型经济时期,民营企业在高速发展的同时,一方面,面临的投资机会很多,另一方面,也面临着严重的融资约束(万良勇等,2015),致使融资约束成为制约民企发展及投资效率提升的关键因素(Guariglia 和 Yang;2016)。另外,由于正式机制不完善,当民营企业无法通过正式市场机制获得公平待遇和必要资源时,民企会转向倚重于产融结合这种非正式的制度安排,以缓解融资约束进而改善企业投资行为。但是,由于控制权私利的存在,产融结合也可能成为加剧民企过度投资行为的助推器。因此,如何完善和运用产融结合以缓解融资约束这一制约民营企业发展的关键瓶颈,进而优化企业投资?公司应建立什么样的微观治理机制来对上述关系进行调节? 这是目前民企亟待解决的重要课题。(本课题与《指南》中管理学项目"16.企业产融结合模式研究""39.先前创业动机对创业者股权安排和治理机制设计的影响研究"密切相关)

图 4-21 案例

例 2:

图 4-22 中的例子存在的问题是:将"国外相关研究的学术史梳理及研究动态"理解成了"国内研究现状述评",写成了论文的堆积。只是写他们做了什么,而没有说出具体研究的问题是什么。评审专家可能会认为,有这么多学者都研究了,申请人为什么还要研究呢?

> **1.3 红色旅游国内学者研究情况**
>
> 在国家政策的推动下,我国红色旅游市场整体趋好,近年来研究红色旅游的文章和论坛不断涌现针对各个地区丰富的红色旅游资源,对红色旅游的开发进行了优劣势分析,并提出了红色旅游的开发战略性构想,为各地区旅游业的可持续发展提供了思路。刘秋生、周志平(1997)通过对井冈山的过去和现状的对比,充分肯定了依托得天独厚的红色旅游来走旅游兴市、兴镇的战略,并提出了具体的对策,为其他贫困的红色旅游地区的开发提供了成功的典范。罗怀良(2003)在分析黄姚古镇、江油市的抗战文化资源的基础上,从微观角度对抗战文化资源的开发利用提出了详细的建议。姚作舟(2010)用SWOT分析黔东南红色旅游发展及对策研究。高雅杰(2016)进一步叙述了红色旅游与红色文化传承。金明雄(2018)指出了遵义红色旅游发展的问题与对策。纪峰(2018)叙述了井冈山红色文化旅游营销成功并给我们带来的启示。张璇(2020)对十八大以来我国红色旅游研究热点与脉络演进进行了分析。

图 4-22 案例

例 3：

图 4-23 中的例子存在的问题是：按照人名堆积研究现状。

> 五、重点探讨了城乡社会经济统筹发展的突破口，并宏观而概括地提出了相应对策。在这一方面，许多学者进行了探索性的研究，其中主要观点有以下几个方面：
> 1. 韩俊（2003.09 中国农村创造良好的投资环境）在《农业经济问题》中认为，统筹城乡发展是一项巨大的系统工程，涉及社会经济生活的各个方面，其中关键是要在改变城乡二元结构、建立社会主义市场经济体制下平等和谐的城乡关系方面取得重大突破。
> 2. 肖万春（2003）在《城乡统筹中的政府定位》中指出，城乡统筹发展的一个主要难点就是大量的农村劳动力转移问题，其实质就是解决就业问题。
> 3. 刘志澄（2004.02 统筹城乡发展壮大县域经济）在《农业经济问题》中以发展和壮大县域经济作为统筹城乡发展的突破口，认为只有正确把握县域经济的内涵，着眼工农业协调发展、城乡共同繁荣、大力发展农村商品经济，才能不断发展和壮大县域经济。
> 4. 顾益康，邵峰（2003.01 全面推进城乡一体化改革——新时期解决"三农"问题的根本出路）在《中国农村经济》认为，统筹城乡发展是党中央根据新世纪我国经济社会发展的时代特征和"三农"问题的症结所做出的科学决策；实现城乡经济社会统筹发展必须在城乡经济结构和劳动力与人口布局结构调整、城乡配套体制与政策改革、国民经济分配结构调整等三个方面进行重点突破。
> 5. 陈进（2003）认为提高农民组织化程度是统筹城乡发展，农村全面建设小康社会的需要，提出农产品行业协会和农民专业合作组织的组建有利于打破城乡分割、行业分割状况，有利于农业结构调整，增加农民收入，有利于保护农民合法权益，提高农民的市场地位，有利于全面提高农民文化知识素质和农村的卫生保健水平。

图 4-23　案例

例 4：

图 4-24 中的例子存在的问题是：对研究现状几乎没有具体的评价，述评前人研究状况时没有说明实质性问题，没有阐述其观点与申请人本人的观点差异，从而没有体现其研究的重要性。"缺乏具体案例"且"不具备普遍性"两种说法有些矛盾。国外的发展规划"不具备普遍性"，"不能与我国……相结合"，但他们就是为国外服务的，我们只是借鉴，当然不能照搬了。

> **（3）研究现状评价**
> 纵观现有研究文献，国内学者关于生态农庄发展建设规划理念、规划方法、运营策略方面研究较为丰富，但缺乏对具体问题相应的定量分析和数据说明，研究内容较宽泛不够具体；原因分析与对策建议缺乏对某一类具体案例的情况分析，研究内容阐述也较笼统，不具备普遍性。国外学者关于生态农庄发展建设的研究较为细致，具有新颖的发展思路，在发展模式和技术上具有一定的经验借鉴作用，但研究中部分发展规划不具备普遍性，难以与我国广大农村乡村旅游发展的实际状况相结合。

图 4-24　案例

例 5：

图 4-25 中的例子存在的问题是：评价中只是说无法为本课题的研究提供帮助，而没有对前期研究成果的借鉴。

> （2）国外相关研究评述
> 　　国外对×××本身的理论研究以及×××与其他社会科学相结合的研究可以为我们的×××研究和×××资料的利用提供方法论上的借鉴，但在××××方面研究的缺乏，使得他们的研究无法为本课题提供更进一步的具体帮助。

图 4-25　案例

2. 笔者的成功例子

例 1：

下面以 2016 年度国家社会科学基金项目"农民工家庭'链式迁移'与城市接纳方式研究"（16BJY102）的国家社会科学基金项目申请书为例，说明当时的想法和做法。①

文字简要地说明了相关研究问题的主要发展阶段，如图 4-26 所示。

> **2. 相关研究的学术史梳理**
> 　　（1）国外经济学关注劳动力迁移过程、动因及结果，包括对劳动力群体和结构视角的宏观研究、对劳动力个体或家庭视角的微观研究、农业剩余劳动力转移对城市未来发展影响研究等。
> 　　（2）国内相关研究经历了三个阶段：第一阶段（2000 年以前）：研究多涉及我国"农业剩余劳动力转移"问题，较少对"农民工"进行专题研究，关注焦点是农民如何"走出来"，以及"走出来"对城市化、工业化的影响问题。第二阶段（2000—2010 年）：研究重点是对"农民工""农民进城""农民工在城市的生存状态"的理论分析，将解决问题聚焦于如何"提高农民工待遇和建立社会保障"等方面。第三阶段（2011 年至今）：开始关注"农民工家庭"问题，研究内容涉及城镇化、工业化、农业现代化背景下的理论与政策分析，"农民工家庭迁移"成为这一时期的研究焦点。

图 4-26　案例

笔者一般是按照"研究对象的转变、对策建议关注的焦点转变"来划分学术史各研究阶段的。前期的国家社会科学基金项目

---

① 接下来书中的所有案例，都是笔者申请书中的本来内容。由于学术研究发展很快，所以仅供参考借鉴，不适合"照搬"。

申请书写作也采用过按观点来描述学术史，但农民工问题是我国特有的概念，相关研究还不太成熟，也不规范。除了"农业剩余劳动力转移"等比较公认的研究之外，多数研究是应景之作，没有什么借鉴价值，只有另辟蹊径，重新建立自己的研究思路体系，如图4-27所示。

> **3. 相关研究点评**
>
> （1）国外代表性观点点评。**国外相关研究的基本思路和分析框架可以借鉴，但研究结论不能照搬。**国外多数国家的"工业化""农业剩余劳动力非农化"和"农村人口城市化"是同步进行的，而我国剩余劳动力转移经历了"从农民到农民工""从农民工到市民"两个阶段，从迁出地迁到迁入地定居两个过程不是同时完成，家庭迁移也存在迁出、回流现象，多数农民工游离于城乡之间，形成了社会隔离、边缘化累积和代际传递。直接移植国外理论，如由"推拉理论""劳动力转移理论""收入预期理论""农村劳动力非永久性迁移理论"形成的政策在实施中可能会存在偏差。
>
> （2）国内代表性观点点评。**国内学者前期的研究可提供借鉴，但在"视角、理论、方法、政策"方面都存在不足。**
>
> ①"研究视角"方面。农民工家庭"链式迁移"包含空间、时间和行业三个维度。空间维度指农民工家庭决定的外出迁移空间选择。行业维度指农民工家庭的迁移行业选择。时间维度指农民工家庭融入城市的过程，以及在代际间的选择。现有研究多集中在空间和行业维度，对时间维度的研究相对较少。
>
> ②"理论研究"方面。前期研究多是实证性研究，忽视了研究的理论背景，并没有涉及政策制度对时间维度的影响效果分析，多是从宏观结构或微观个体行为独立视角的理论描述，但分析农民工个体迁移、农民工家庭"链式迁移"进程差异与城市接纳方式进行相关性动态理论研究不足。
>
> ③"研究方法"方面。当前研究多采用成本收益模型、目标函数等对农民工市民化制度设计动因、成本进行研究，但有些模型仅适用于特定地区和特定人群，对地区适应性、时间阶段适应性方面研究不足，模型也多是建立在统计分析基础上的经验性模型（不涉及系统内部运行机理）或静态模型（不含时间变量），其评估的准确性将受影响。目前需要对农民工家庭"链式迁移"不同阶段，运用门槛模型、双重约束模型、Logistic模型分析农民工市民化意愿和能力，并提出有差异的城市接纳方式。
>
> ④"基础数据"方面。前期研究基础数据采集、预测多是在单一因素、单一阶段条件下进行，数据交叉、重复问题较多，特别是对我国农民工家庭"链式迁移"现状与进程的评估数据中，各迁移状态（阶段）之间连接和过渡的数据较少，还不足以支撑理论与政策研究。
>
> ⑤"政策研究"方面。现有的政策设计多是在单一视角下进行，没有考虑不同迁移阶段政策的差异性和适用性，没有区分地区与经济发展水平对城市接纳方式的影响。政策目标指向不明确，特别是忽视了农民工家庭"链式迁移"的具体要求，也较少对政策实施效果（提高农民工家庭迁移速度、质量和效益）进行评估。

图4-27 案例

笔者在"国外相关研究的学术史梳理及研究动态"写作中，主要阅读以下资料。国内相关研究的资料包括：主要论著、相关论文；相关研究报告；国家自然科学基金项目结项报告、国家社会科学基金项目结项报告；近期出台的相关法律、法规和规划等；近期的公开权威数据。国外相关研究的资料包括：杂志、书籍和各类经济学手册。特别是五大国际顶级期刊包括《美国经济评论》

（American Economic Review）、《经济学季刊》（Quarterly Journal of Economics）、《政治经济学杂志》（Journal of Political Economy）、《经济研究评论》（Review of Economic Studies）和《计量经济学》（Econometrica）中的资料。国外各个网站的文献比较新，数据的时效性也更强，不能忽视。阅读方式是：首先进行文献分类、比较、阅读、摘要，并对文献进行第一次阅读，确定文献资料的可用性与适用性。然后进行详细阅读，确定在申请书中使用的具体位置。

笔者在表述"学术价值和应用价值"时，多次提到本研究的创新点，围绕"时间维度"表述学术价值和应用价值，如图4-28所示。

> **2. 本课题相对于已有研究的独到学术价值和应用价值**
>
> （1）**本研究从时间维度研究问题**，设想农民工家庭迁移是"**链式迁移**"过程，分为**五种迁移状态**：无家庭成员迁移状态、部分家庭成员迁移状态、家庭全部成员迁移但没有定居城市状态、家庭全部成员迁移并定居城市状态、家庭融入城市状态。**四个迁移决策阶段**：初次离乡决策阶段、举家迁移决策阶段、定居城市决策阶段、融入城市决策阶段。**三种方式**：有序迁移、举家迁移和代际迁移。从第一个民工迁移城市，到家庭成员迁移数量有序增加（有序迁移），或者有可能家庭一次性举家迁移（举家迁移），或者农民工家庭由第一代成员转入第二代成员成立家庭才完成融入城市（代际迁移）。由此可根据不同阶段分析影响因素，说明城市接纳方式。对应的**四种城市接纳方式选择**：以接纳农民工个体为主、以解决居住为主、以处置农村资产、解决户籍问题为主，以及以解决城市居民福利，改进社会制度结构、社区特征和自然环境为主。具体内容如表6所示。
>
> 表6：农民工家庭"链式迁移"迁移状态与城市接纳方式选择
>
> | 农民工家庭状态 | 农民工家庭特征 | 对应的决策 | 迁移方式选择 | 城市接纳方式选择 |
> |---|---|---|---|---|
> | 纯农村家庭 | 无家庭成员外出务工，居住、户籍都在农村的农民工家庭 | 初次离乡决策 | 有序迁移 举家迁移 代际迁移 | |
> | 半迁移农民工家庭 | 部分家庭成员在城乡间流动，没有城市家庭式的独立居所，户籍在农村的农民工家庭 | 举家迁移决策 | | 以接纳农民工个体为主 |
> | 举家迁移未定居农民工家庭 | 全部家庭成员在城乡间流动，固定居住在农村，没有城市家庭式独立居所，户籍在农村的农民工家庭 | 定居城市决策 | | 以解决居住为主 |
> | 举家迁移定居农民工家庭 | 全部家庭成员迁移城市，在城市家庭式独立居所，户籍在农村的农民工家庭 | 融入城市决策 | | 以处置农村资产、解决户籍问题为主 |
> | 融入城市的农民工家庭 | 家庭成员全部在城市，有城市家庭式独立居所，户籍在城市的农民工家庭 | | | 以解决城市居民福利，改进社会制度结构、社区特征和自然环境为主 |

图4-28 案例

笔者先描述各个方面的研究设想，突出申请书的创新性，并将"学术价值""应用价值"融入内容中，如图4-29所示。

(2) 在基础数据收集、整理方面。除基础数据的收集以外，将对湖北省钟祥市（县级市，102 万人口）的两个乡镇进行全面调查（两个本科班 58 名学生参与），获取样本数据，钟祥市其他数据使用统计局的数据（农村社会经济调查队调查数据、农村固定观察点调查数据）。设想完善描述农民工家庭"链式迁移"各阶段的数据，包括劳动力个体特征数据、家庭整体特征数据、家庭所在社区特征数据和家庭面临宏观环境与制度特征数据，改变依赖静态历史数据或经验案例的被动预案方式，走向动态适应性对策研究。

(3) 在城市接纳能力与接纳方式研究方面。将对不同地区经济社会发展水平、不同规模城市（如大、中、小城市和小城镇）吸纳农业转移人口的能力进行类型化比较研究。根据农民工家庭"链式迁移"不同决策阶段，说明最优的城市接纳方式。

(4) 在政策设计与政策实施效果研究方面。针对农民工家庭"链式迁移"政策设计与实践联系不紧密的问题，本研究将根据不同阶段、不同状态进行政策设计，提高推进农民工家庭"链式迁移"政策的动态性、适用性，并对政策实施效果进行预评估。

总体看来，在学术价值方面，与现有研究相比，本研究从时间维度上研究农民工家庭"链式迁移"与城市接纳方式，使研究结论更加符合实际，政策设计更具有可操作性。在应用价值方面，当前农民工迁移呈现家庭"链式迁移"的新态势，农民工家庭流动的趋势加快。而多数城市只吸纳了农民工中少数优势者而将多数农民工排斥在外，现有城市接纳方式不适应家庭"链式迁移"的要求，需要调整城市接纳方式，本研究根据"链式迁移"的不同阶段，给出了推进土地、财政、教育、就业、医疗、养老、住房保障的政策设计。

图 4-29　案例

例 2：

笔者在写研究"理论意义""现实意义"时，写法明显有别于"学术价值""应用价值"，因为"价值"和"意义"是不同的概念，要在写法上有重大区别。不能将"学术价值""应用价值"写成"理论意义""现实意义"，如图 4-30 所示。

2. 研究意义

(1) 理论意义。本研究是对习近平新时代中国特色社会主义思想理论解读、十九大报告精神宣传的新尝试，是对农业经济理论、发展经济学理论、区域经济学理论的丰富和发展。农业与农村发展是农业经济学、区域经济学关注的重点问题之一，城乡平衡发展是发展经济学的议题之一。基于"梯度"设计可操作性强、适应湖北乡村发展现状的乡村振兴战略实施差异化路径是对相关理论的丰富和发展。

(2) 现实意义。本研究是落实习近平新时代中国特色社会主义思想的新尝试，是将十九大报告精神运用于实践的新尝试。湖北省新时代社会主要矛盾是不平衡不充分，城乡之间的不平衡是最大的不平衡，农村发展不充分就是最大的不充分。破解新时代难题，首先要补齐农村短板，为实现"两个一百年"奋斗目标奠定坚实基础。本研究提出的乡村梯度划分，差异化的乡村振兴战略实施路径设计、路径实施的对策建议，更符合湖北省乡村发展实际，对策建议更具可操作性。可为湖北省政府决策提供咨询，为乡村发展实践提供参考。研究成果能够在湖北省钟祥市各乡村进行试点，通过实践修正、完善，可以在湖北省推广。

图 4-30　案例

4.4 [研究内容]的写法(活页、申请书)

"'研究对象'是课题研究需要去调查的对象。"(杜为公,2015)

"'研究内容'是完成各个分目标的过程描述,要丰满而不复杂。"(杜为公,2008)

"'思路'是对实现研究目的和目标的时间先后顺序的描述。"(杜为公,2015)

"'主要目标'是课题研究的目的。"(杜为公,2008)

"'分目标'是对实现研究目的过程重要节点的描述。"(杜为公,2008)

"'重点、难点'描述的只能是'点'。"(杜为公,2008)

"核心观点描述的只能是'点'。"(杜为公,2015)

——《老杜金句》摘句(国家社科基金项目申请)

应写出本课题的研究对象、框架思路、重点难点、主要目标、研究计划及其可行性等(框架思路要列出研究提纲或目录)。

进行写作时,先写出各级标题,然后按照标题填写内容:

1. 研究对象

(1)对象一;

(2)对象二;

(3)对象三。

2. 框架思路

(1)研究内容;

(2)研究框架;

(3)研究思路。

3. 重点难点

（1）重点；

（2）难点。

4. 主要目标

（1）总目标；

（2）分目标。

5. 研究计划及其可行性等

（1）研究计划；

（2）可行性。

"选题依据"在《国家社会科学基金项目通讯评审意见表》中的权重是 5 分。主要考查申请项目的"研究内容、基本观点、研究思路、研究方法、创新之处"，主要评价指标是"论证"。

2015 年，国家社会科学基金项目申请书新增"研究对象""总体框架"条目；2021 年，国家社会科学基金项目申请书将"总体框架"修改为"框架思路"条目。

"研究内容是实现目的、完成各个目标的过程描述。"

"研究内容最能体现申请人理论水平的差异。"

"表述内容的原则是：丰满而不复杂。"

国家社会科学基金项目申请书要求从以下方面来描述研究内容：研究对象、总体框架、重点难点、主要目标、研究计划及其可行性等。

4.4.1 关于"研究对象"

"研究对象"指项目研究时的研究"目标"（注意不要与课题的"研究目标"混淆，"研究目标"是整个课题研究最终要达到的目标）。

"研究对象"可能是"人（群体）""事物""事件"，或是三者之间的关系，也可以是研究的问题本身。笔者认为，申请人在课题研究的调研、访谈过程的对象，就是课题的研究对象。

"研究对象"不明确，则论证过程容易偏离研究的主线。"研究对象"可以有两种写法：一是以研究的问题为对象，二是以研究的群体为对象。笔者习惯用研究的群体范围为对象，感觉描述对象时更方便。

与研究对象紧密相关的概念是"研究视角"，有很多申请人习惯错误地将研究视角新作为国家社科基金项目论证中的创新之一。

写申请书的时候可能有多个对象一个视角，也可能一个对象多个视角。如笔者的 2016 年度国家社会科学基金项目"农民工家庭'链式迁移'与城市接纳方式研究"（16BJY102）的申请书中，设定研究对象有两个：①预期进入或正在进行"链式迁移"的农民工家庭及成员，主要研究农民工家庭及成员迁移在时间维度上的迁移决策及迁移行为；②准备接纳农民工家庭落户的城市决策者，主要研究在"链式迁移"不同阶段的城市接纳方式。

当写作的视角是农民工家庭及成员时，就相当于站在农民工家庭内部向外面看，在这个视角下就不能说如何采取措施解决农民工家庭子女的入学等问题。因为农民工家庭子女入学政策的出台是政府决策者的视角考虑的问题。当写作的视角是接纳农民工家庭落户的城市决策者时，就不能说农民工家庭什么条件下会有更多数量的农民工进城务工。

申请书写作过程中的视角错乱，会让评审专家不知道申请人在分析什么问题。

4.4.2 关于"框架思路"

"框架思路"写作时,包括三项内容:"框架结构""研究内容"和"研究思路(融入主要研究方法)"。

1. 框架结构

框架是研究内容的总体结构,是研究各个部分内容的搭配与结构安排。

描述框架的同时,还要配以文字描述具体的研究内容。但用文字描述研究内容绝不是开始了研究,不能采用研究的表述方式。

目前学术界有以下两种观点。

①可以用框架来表述内容;

②框架不是内容,内容还需要用文字重新表述。

在这种有争议的情况下,2021年申请书标题提示中增加了一句话:"框架思路要列出研究提纲或目录"。申请人一方面需要等国家社会科学基金委员会讨论后的明确结果,一方面需要兼顾不同观点在2021年申请书的写作过程中的体现。

笔者认为,研究内容一定要写成目录,不然不能保证申请人对研究内容各部分关系的把握。建议大家一方面表述"框架",同时有文字表述"内容"。

研究框架有两种写法:用框架图说明;用研究提纲。

框架图描述各个研究内容各部分之间的相互关系,如平行关系采用并列的矩形框表示等。框架图可以更好地表示各部分内容之间的相互关系。

框架图区别于研究思路图,研究思路图描述的是"各部分研究开展的时间先后顺序"。因此,研究思路图是带有箭头的流程图。

研究提纲一般用文字表述,是总体结构的另一种表述方式。

2. 研究内容

研究框架需要用具体的内容加以丰满、充实，研究内容需要用文字描述，并列出章节目录说明。

笔者认为，研究内容可以按照描述各个主要部分的方式进行文字描述。具体写作时一般采用"第一部分：主要研究××××。第二部分：主要研究××××。……最后是结论部分……"的方式表述。特别是当申请人对具体研究内容已经很清楚，为了让评审专家看到明确的具体研究内容时，可以选用章节结构说明。其中的每个部分不一定是对应一个章节，每个部分可能包括多个章节，但仍然是一个整体部分。

如笔者 2016 年度国家社会科学基金项目"农民工家庭'链式迁移'与城市接纳方式研究"（16BJY102）的申请书中，就采用"文字描述研究提纲"和"研究目录"同时使用的方式描述内容。因为在申请课题时，笔者已经基本完成了研究报告，所以对每一个研究细节都很清楚。

3. 研究思路（融入主要研究方法）

思路是对实现研究目的和目标的时间先后顺序的描述，研究思路主要描述研究内容的开展过程。在研究思路的描述中，要融入主要研究方法，说明用什么方法、按照什么逻辑顺序、依据什么时间顺序实现了各个分目标，从而实现了总目标。

研究思路要表明：首先做什么，然后做什么，或者第一步做什么，第二步做什么，最后做什么。这样才是对时间先后顺序的描述。

为了进行清楚明了的表述，可做思路流程图展示基本思路，但流程图不能单独成为对基本思路的描述，要同时配合文字说明。只有流程图而没有文字表述不是研究思路正确的表述方式。

采用流程图与否取决于申请书的文字数量限制情况，思路要遵守课题研究的基本模式。不论在文字上多"华丽"，都要遵守研究问题的基本思路，即"问题—原因—对策"。不论研究的过程中引入了多少理论分析、经验分析、理论实证分析和经验实证分析，都要依据这个基本的思路模式展开研究。要注意研究思路的逻辑连续性和递进性。一般在分析原因的时候可以引入理论分析，发现了问题可以从理论分析上寻找问题的产生原因。提出对策时，也可以先从理论上寻找解决的方案，也可以引入经验分析寻求外部（地区、国家等）的成功经验。若需要用数据分析，则需要获得官方数据或采用田野调查方法找到数据，用来支持或说明观点的正确性，或说明对策的可行性。基本思路就是：本课题采取什么样的研究方法、依据什么样的理论，遵循什么样的路径进行课题研究。

思路要有一定逻辑和层次性。总体框架提到的主要内容，都要在研究思路里面进行概括表达，基本思路中也要有与研究内容对应的研究方法描述。

需要注意的是：不能将框架与思路流程图放在一张图上。特别是不能搞得很复杂，因为越复杂，申请人越不知道主要想做什么，也让评审专家很难有重点地理解申请人的逻辑思维方式。

需要说明的是：研究框架、研究内容与研究思路是对同一件事情的描述，但描述的语气不同。

研究框架是研究各个部分内容的搭配与结构安排；研究内容是说主要研究了什么；研究思路（融入主要研究方法）是说"先研究了什么，再研究了什么，最后研究了什么，用什么方法研究的"，不能用思路代替方法、也不能用内容代替思路。

在写作申请书的过程中，确定了选题和题目后，先确定研究目标，根据各个研究目标确定研究思路，思路确定后就可以对应写出研究内容了。研究内容确定后，就可以进行国内外相关研究的学术史梳理及研究动态的写作了，因为梳理的内容一定是申请人研究的内容，研究不涉及的内容就不需要进行梳理。这样从整体上读申请书时，整体逻辑是连续的、递进的，不容易出现"散、乱"的印象。

思路中融入主要研究方法是从操作性层面考虑的，是依据思路的研究方法。申请人应当将如何做叙述清楚。在思路中融入主要研究方法是说明具体采用了什么研究工具，要具体说明在何时何处采用什么方式完成对应的研究内容。涉及研究方法时力求具体、明确，特别是描述成本课题研究专用的方法时，要更加具体。具体研究方法应依据目标和内容的需要选择，可以依据解决问题的需要改造现有的方法，如果选择多种方法相结合，要考虑好各方法之间的相互关系和顺序。研究中也可以根据实际需要移置现有的研究方法，移置时应注意遵循所选方法使用的基本规范。

确定课题的研究方法前，要对常用的研究方法进行整理，然后从中选择适合的研究方法。常用的方法及要点主要有：定量研究是从一组单位中收集各单位的可对比信息，这种信息可进行"计算"，并进而对资料作更广泛的定量分析。定性研究是对观察资料进行归纳、分类、比较，进而对某个或某类现象的性质和特征做出概括。内容分析法是对各种经济状态的显性内容进行客观的、系统的和定量的描述和分析，研究者所分析的是外在的、表面的内容，而不是对内容的解释。实验法是经过精心设计，并在高度控制的条件下，通过操纵某些因素，来研究变量之间因果关系的方法，实验的基本目标是决定两个变量之间是否存在因果关系。

有的申请人把具体研究方法写成"运用辩证唯物主义和历史唯物主义的方法""运用定量与定性相结合的方法""宏观分析与微观分析相结合""理论分析与实际运用相结合"等诸如此类的大框框，不够具体。评审专家读后不能确定课题研究究竟采用了什么具体方法。

有的申请人习惯于将"思路"写成"技术路线"，以便于将研究方法引入，这也是一种尝试。"技术路线"指为完成研究而采取的包括手段、步骤、方法等在内的研究途径，申请人对研究途径的每一步骤都要阐述清楚并确保研究方法具有可操作性。技术路线可以用流程图或结构说明，如树形图应包括研究对象、方法、拟解决的问题及其相互之间的关系，需要将研究的各部分内容、顺序、相互之间的关系、方法以及所要解决的问题做成思路图。若研究内容采用写成"假设、证明"的写法，则基本思路描述的是申请人在实际展开研究时的操作性问题。

思路中融入研究方法的关键是研究方法要表述具体，要说明"这个方法用在何处、为什么用，与别的方法有什么区别，对实现研究目标有什么作用，采用这个方法能解决什么问题"。国家社会科学基金项目申请书表述的具体方法一定要符合学科的规范，把申报的学科与申请书中的方法选择对应起来。

学科的差异不在于研究对象，而在于研究方法。如对战争研究，若采用经济学的方法，则是国防经济学；若采用社会学的方法，则申请书需要填报社会学学科。研究方法的选择是以申请学科为标准，不能根据研究对象来确定申报的学科。

研究方法与数据处理方法不是一个层次的问题，不能用数据处理方法代替研究方法。研究方法主要是指采用的理论方法，数据处理方法只是描述如何处理数据，是处理数据的"技法"，比理论研究方法差一个档次。当前学术界已经认识到过度依赖预测模型的后果，因为模型无法解释变量的多样性和个体人类经验的异质性等。经济学中选择理论必须考虑主观价值和意志。

4.4.3 关于"重点难点"

研究重点是整个课题研究的主要或重要部分的关键点。

研究重点一定要与题目相一致。研究重点一般依据课题题目表述写"分析了什么？提出了什么？"研究重点最多两个，有的申请人写的重点有八个，但八个重点就相当于没有重点，或说明申请人没有能力识别出重点。研究重点一定要与课题题目对应，若题目不是研究重点，一定是题目写错了，需要修改题目。

研究难点是整个研究过程中相对比较费时、费事、不容易完成的那个点。研究难点最好在两个左右。因为难点太多评审专家可能会对申请人的研究能力产生怀疑，怕申请人没有能力克服难点实现研究目标。没有难点又说明申请人对研究问题的复杂程度估计不足。一般把国内外概念差异、国外理论与方法中国化问题、地域差异、数据收集当作难点写。需要注意的是：提出难点的同时，要写出解决这些难点的设想，让评审专家感觉申请人很清楚难点在何处，也提出了切实可行的解决办法。

对重点难点要客观陈述，不要过分夸大，太过夸大让评审专家认为不是这一般申请人能够解决的问题，申请人在研究过程中也难以克服，反而带来负面效应。重点难点描述的是"点"，不能用太多的文字论述。重点难点篇幅不要长，一般几句话把问题说清楚即可，切不可想通过故意夸大重点难点来显示研究的必要性。

研究重点难点一般要分开写，除非认为重点难点是重合的。但一般不建议这样写，要重点突出、难点分散。

4.4.4　关于"研究目标"

研究目标可分为总目标和分目标。

总目标是按照课题设想的思路达到的最终的目的，在整个申请书的写作过程中是"指路明灯"。研究内容各部分都有研究目标，就是分目标。

分目标要最终指向总目标。总目标是所提问题的预想答案；总目标是通过内容分解，用分目标方式呈现的；总目标与各个分目标是整体和部分的关系。总目标只有一个，但分目标可以是多个。

分目标要分段描述或每个目标都标明序号，以使评审专家清晰地看到申请人提出的几个研究分目标。研究分目标通常以三个左右为宜，言简意赅，不要重复前面的研究背景，也不要写成研究内容的压缩版。

所有研究工作都应围绕研究目标展开，研究内容各部分要与研究分目标相互对应，这样既能体现不同标题内容之间的逻辑关联，也使申请书结构清晰，便于评审专家阅读。

总目标和分目标的文字描述要用完成语态。完成了各个研究分目标，就能实现研究目的（总目标）。研究目标要有理论目标和解决现实问题的目标，各个研究目标之间逻辑关联，也表述了解决问题的主要路径。

有的申请人习惯以设计"假设＋证明"的方式说明研究目标的实现过程。若课题研究内容围绕假设展开，研究是通过相应方法及证据、论据，对假设进行论证，被证明的假设便成为各个研究目标。各假设变量之间被证明的关系可以是因果关系，也可以是相关关系，这主要取决于研究目标的设定。

4.4.5 关于"研究计划及其可行性等"

1. 研究计划

研究计划指从课题研究的准备、启动、进行，直到取得最终成果的整个过程，描述的是整个的研究时间进度。

研究计划是研究内容实施的各个过程的集合，是对所有研究过程最为翔实的表述，只要不是涉密或大家熟知的常识，就应详细说明研究的对象、各种方法、观察指标等，甚至详细到田野调查样本数量和地点等信息，适当表述方法、指标等。研究计划是针对研究目标专门设计的，是独一无二的，要有鲜明特点、切实可行，要确保能完成研究内容、实现研究目标。不能把课题研究中所有的基础理论和研究方法统统罗列上，不能泛泛而谈，要强化针对性和可操作性。

研究计划比基本思路包含的内容更宽泛。基本思路只描述实施研究时的时间先后顺序，而研究计划表达的是从研究准备到结项的整个过程。研究计划涉及的内容包括：前期准备、调研、撰写报告、论证定稿、结项等。

研究计划应该具体、执行性强，主要体现项目的研究进度和研究内容安排。年度研究计划起止时间的填写要与基本信息表上的研究期限和经费预算一致。研究计划与项目经费预算紧密相关，明确了具体调研方案，才能预算准确所需的经费。如果没有足够明确的信息或表述有误，评审专家可能会认为"研究内容与经费预算不匹配"。

2. 可行性

可行性需要描述的是：研究思路可行，研究计划可行。证明研究目的和各个研究目标是可以按期实现的。需要表述如下方面的内容：课题研究采用的理论可行；课题研究采用的研究思路可行；课题研究采用的方法可行；课题组成员具有相关研究的基础，课题组成员专业结构、年龄结构、职称结构适合从事本课题的研究。

4.4.6 [研究内容]写作可能出现的问题

（1）把描述研究内容写成了开始研究。描述研究总体框架不是开始了研究，而是说明要研究什么。章节结构表述方式在使用时要注意：研究框架不是教科书、不是完成稿、不是论文、不是思路。研究总体框架体现了主要观点、逐个实现的研究分目标，研究框架要用学术语言。用章节结构时则各章节文字都与题目紧密关联。对于研究内容结构简单的课题，用框架图表述简单明了，能让评审专家清楚研究的主要内容，但在给出框架图的同时，也需要用文字对各部分内容进行描述。

（2）内容描述得太多、太全面，会让评审专家感觉申请人没有确定的研究主题。

（3）各研究内容部分之间没有逻辑关系，内容碎片化，不连续。内容没有表述为几个部分，层次不清，逻辑递进关系不明确。

（4）框架结构确定没有依据"学术史梳理和研究动态"中评价的结论展开，没有体现出问题意识。对申请人在评价中提出的研究问题没有去解决，没有体现整个申请书写作的逻辑性。

（5）研究重点重复了研究内容，或将研究结论作为重点。重点过多过细，不能区别重点与研究目标。

4.4.7 案例点评

1."研究内容"不成功写法的例子
例1：

图4-31中的例子存在的问题是：研究对象写成了研究内容，与研究对象的标题不对应。通读整段文字，也没有找到对研究对

象的直接说明。

> **（一）研究对象**
> 本课题主要从乡村振兴战略的角度研究新型农业经营主体的营销能力问题。逻辑上分为理论基础、现状分析、差距研究、国外经验、提升对策等五部分。理论基础包括乡村振兴战略中产业类别、产业主体类别、营销能力体系、营销能力要素等。现状分析以产业主体营销认知能力、定价能力、产品发展能力、渠道管理能力、促销能力、营销管理能力等为评价指标构建产业振兴主体营销能力评价体系，对新型农业经营主体的营销能力现状进行调查和评价分析。差距研究根据典型案例分析及上述部分评价结果，分析体系中各指标与乡村振兴战略所需的目标值之间的差距，总结优势与不足。国外经验是总结借鉴美国、日本、德国等国家新型农业经营主体营销能力提升的经验。提升对策包括外源上政府的宏观政策调控、技术研发、教育投入；产业主体自身创建品牌营销理念、创新流通机制，做好渠道管理、发展涉农电子商务、加强农业对外合作，推动农业走出去战略等各种营销能力提升对策。

图 4-31　案例

例 2：

图 4-32 中的例子存在的问题是：描述了几个概念，而且进行了注释，有点像是对概念定义的文献综述，也加了一些对申请人的研究内容、研究方法、对研究数据收集整理的思路等，但没有对研究对象的直接表述。

> **2.1 研究对象**
> **企业二元创新**　中国要实现创新"换角"从模仿创新转到自主创新，平衡好二者的关系，才能避免落入"中等收入陷阱"，从高速发展到高质量发展（刘宏，乔晓，2019；郑婷婷等，2020）。本研究分析主板、中小板、创业板和科创板的**二元创新（模仿创新和自主创新）** 的质量问题。模仿创新采用实用专利和外观专利授权量之和加一取对数、自主创新采用发明专利授权量加一取对数。
> **企业税费**　从企业层面计算获取实际税负、增值税负、主营业务税负、所得税负、营改增税负分析、非税负担、以及现金流量角度的总体税负（税费净支出/营业收入）数据。

图 4-32　案例

例 3：

图 4-33 中的例子存在的问题是：没有回答"研究对象"的问题。

> 一、研究的主要内容、基本观点、研究思路、研究方法、创新之处
> （一）主要内容
> **1.研究对象**
> （1）儿童医疗救助界将最低生活保障家庭重大疾病儿童纳入救助范围，最低生活保障指家庭人均收入低于当地政府公告最低生活标准的人口给予救助。
> （2）医学界以0~14岁的儿童为儿科的研究对象，本研究的儿童年龄范围为14岁以下。

图 4-33　案例

例 4：

图 4-34 中的例子存在的问题是：没有回答"研究对象"的问题。

> **2.1 本课题的研究对象**
> 实施乡村振兴战略是有效破解我国*****的不竭动力，也是新形势下实现缓解******的重要举措。一方面是**************的构建；二是**************审视；三是**********比较，总结提炼**************的典型经验。

图 4-34　案例

例 5：

图 4-35 中的例子存在的问题是：重点难点写成了研究思路或研究内容，没有直接写出研究的重点、研究的难点。

> **重点难点**
> （1）建立"产融结合—治理机制—民企投资"的理论分析框架；（2）产融结合指数的构建、针对民企自身特点的治理机制程度度量以及民企投资类型及效率的度量；（3）实证检验"产融结合—治理机制—民企投资行为"之间的影响路径。

图 4-35　案例

例 6：

图 4-36 中的例子存在的问题是：重点难点写成了研究内容。

> **（二）本课题的重点和难点**
> 1. 总结国外××××的经验教训，提炼其提高××××创新效率的有效途径。
> 2. 基于两阶段价值链理论，构建合理可行的××××评价指标体系。在此基础上利用两阶段 DEA 模型，测算中国×××××××效率，并对不同行业、不同地区制造业的××××××效率进行比较分析。
> 3. 深入挖掘影响我国××××效率的主要因素。以×××效率的测度结果为基础，从企业、市场、政府三个方面出发，考察×××创新过程中的×××研发投入强度、消费者对×××的接受程度、政府的环境管制、知识产权保护力度等对×××创新效率影响机理，并提出基本理论假设，选取合适的变量和面板数据模型进行实证检验，确定这些因素对××××创新效率的影响方向和影响程度。
> 4. 我国××××创新效率提升的障碍及根源分析。重点分析技术创新、市场需求及产业组织的不确定性阻碍×××创新效率提升的原因。
> 5. 提出提升×××创新效率的政策建议：围绕促进企业、政府、市场三方作用的有效发挥；降低技术创新、市场需求和产业组织不确定性的机制设计和政策选择。

图 4-36　案例

例 7：

图 4-37 中的例子存在的问题是：重点太多了，写成了研究分目标。

> **（3）重点难点**
> **1）研究重点**
> ① 大数据时代数据安全风险复杂性与×××制度构建；
> ② 涉数据网络×××产业化、类型化、体系化研究；
> ③ 域外涉数据××××治理科学性和本土化研究；
> ④ 我国涉数据网络×××规制优化路径研究。

图 4-37　案例

例 8：

图 4-38 中的例子存在的问题是：目标写成了研究意义。

> **（四）主要目标**
> 1. 根据当前×××××与×××系统的综合状况，着力寻找现行系统的存在××和××方向，对××××××具有现实紧迫性与国家战略意义。
> 2. 从××××关系出发，将××××××作为××××××××价值归宿与生长基点，可以拓深××××的创新之域。
> 3. 通过理论与现实的×××，探索性研究××××建构，可以为××××××提供智慧支撑。

图 4-38　案例

例 9：

图 4-39 中的例子存在的问题是：主要目标写成了分目标，也

可能写的是思路。

> **4. 主要目标**
> 本研究基于前期的调研访谈，结合社会心理学（需要层次理论、心理疏导理论、心理治疗理论）并参考现有学者研究成果归纳出影响******需求要素，从"****、****、****等6方面探讨关于******，使这一群体*****、*****提升，****，实现******************。

图 4-39　案例

例 10：

图 4-40 中的例子存在的问题是：采用的研究方法太常见了。

> **2. 研究方法**
> 一是文献研究法。通过文献研究法梳理国内外少数民族双语教育、教育信息化等概念及特征；分析少数民族教育信息化相关政策文本；分析系统理论和协同创新理论的发展和在教育领域的应用。
> 二是观察法、问卷调查、访谈法。通过观察法、问卷调查法、访谈法等方法调查贵州3个民族自治州、11个民族自治县双语教育信息化的基本情况，获取第一手资料。
> 三是因素分析法、结构方程模型（SEM）。利用因素分析法、结构方程模型，深入剖析制约少数民族双语教育信息化发展的关键因素及深层原因。

图 4-40　案例

例 11：

图 4-41 中的例子存在的问题是：研究思路写成了研究方法。

> **1 研究思路**
> 本文的研究思路操作路线：通过我国××××××××基地是如何进行文化传承的，基地的文化传承由哪些要素构成，其本质是什么，在以文化人类学的视野下，内部驱动与外部运行机制的状况怎么样，是否具有应然的合理性，等一系列问题的提出，查找相关理论，搜索文献，梳理文献，进行理论分析，从理论框架构建多层线性模型。其间，又通过特尔菲法建构了传承能力的关键性指标，最后得出整体合理化的可操作的指标体系，形成调查问卷，用于测量相关题项。通过发放问卷，调查现状，回收信息，进行数据处理，检验模型，得出相关结果，运用扎根理论进行基地如何进行传承的传承行为的行动研究，归纳演绎，最后进行结果推论。

图 4-41　案例

例 12：

图 4-42 中的例子存在的问题是：研究思路仅用流程图表示，没有文字解释。图的下面也没有"图标说明"。

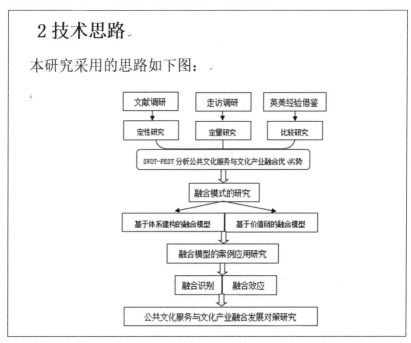

图 4-42　案例

例 13：

图 4-43 中的例子存在的问题是：研究思路写成了研究内容。

3. 思路方法（本课题研究的基本思路、具体研究方法、研究计划及其可行性等）
3.1 基本思路
梳理史料文献　历史认识处广查史料；价值分析处博览报刊和最新成果，奠定研究基础；
厘清基本理论　依研究主旨精当取舍设定基本论域；深入分析逻辑层次，明晰研究维度；
分项考察分析　以历史发展明晰历史使命；以价值分析明确价值取向，历史逻辑交互统一；
创新路径结论　探索实践方略，建构实现路径，明确使命担当，展望发展前景，志于创新。

图 4-43　案例

例 14：

图 4-44 中的例子存在的问题是：研究方法太简单，用在何处表述得不够具体。

> **3.2 具体研究方法**
>
> 针对本课题的研究内容和研究目标，将采用以下研究方法，确保研究成果学术水平的领先性和应用前景的广阔性。
>
> （1）文献调研法：通过图书馆、数据库、学科门户、因特网等多种渠道广泛搜集国内外相关文献资料，总结××××、××××的相关理论、技术与方法。
>
> （2）案例分析法：结合"互联网+"这一时代大背景，选取若干地区的×××领域××××××工作案例，从中汲取××××智慧××方法与策略的成熟做法与经验。
>
> （3）实验研究法：在相关理论研究的基础上，选取相应的×××部门，对课题中所设计事中事后智慧××方法与××进行模拟实验、分析、评价和优化。

图 4-44

例 15：

图 4-45 中的例子存在的问题是：研究思路写成了研究计划。

> 3.[思路方法]本课题研究的基本思路、具体研究方法、研究计划及其可行性等。
> **本课题研究的基本思路**
> （1）研读公共政策评估、科技政策评估、企业自主创新有关文献，系统梳理国内外××××支持企业自主创新的各项政策，对示范区××××支持企业自主创新的实践活动进行深入调研，在此基础上，构建××××支持企业自主创新绩效的评估指标体系。
> （2）收集各示范区经济社会发展公报、统计年鉴、科技统计报表，采集××××评估指标所涉及的原始数据。
> （3）对数据进行定性、定量分析方法处理，对结果进行分析比较。
> （4）根据分析结论，提出提升×××××××××支持企业自主创新绩效、提高企业自主创新能力的对策建议。
> （5）将研究结果反馈到各自×××示范区征求意见，再修改完善本研究报告。

图 4-45　案例

例 16：

图 4-46 中的例子存在的问题是：研究方法不具体，感觉都

是熟知的方法,没有创新。

> **具体研究方法**
> (1)文献研究法:通过查阅国内外相关的杂志、专著论文等文献资料,在形成本研究理论基础的同时,学习借鉴现有的研究成果。
> (2)实地调研法:赴×××和相关企业进行实地考察调研,收集××××××创新×××研究所需要的数据。
> (3)问卷调查法:利用党校优势,通过示范区所在的省、市党校对特定人群发放调查问卷。

图 4-46 案例

例 17:

图 4-47 中的例子存在的问题是:采用的都是常用的方法,如文献研究法、调查研究法、比较研究法、个案研究法、定量研究法、定性研究法、定量与定性相结合研究法,等等,在方法上没有创新,也没有写在何处使用,为什么使用。

> **4.2 研究方法特色和创新**
> **4.2.1 分析机理更切合我国实际。** 传统的西方经济学原理不能精确解释、更不能精准解决我国现实问题。本课题依据习近平新时代中国特色社会主义经济思想拟构建的产业转型升级的多维就业效应分析机理全面考虑各维度的就业效应,因而更加符合我国国情。
> **4.2.2 空间面板数据模型分析法具有比较优势。** 全国各地的产业结构千差万别,转方式、调结构下的就业形态更是千变万化,而且产业转型升级对就业的影响具有一定的时间滞后性。空间面板数据分析比横截面数据分析和时间序列分析具有更高的自由度,涵盖的信息量更丰富,还可减少变量间的共线性,从而可以提高模型估计的有效性和分析的精确性。

图 4-47 案例

例 18:

图 4-48 中的例子存在的问题是:没有依据问题导向写思路。应该先对状况进行评估,找到问题归因,然后再有针对性地展开研究思路。国外经验主要用于借鉴,为本课题研究提供借鉴。但上面例子中却将国外经验放在了内容的最后,显然是不正确的。

《国家治理现代化背景下青少年德育的孝文化传播研究》基本思路

研究背景： 国家治理现代化
研究对象： 青少年德育
研究内容： 孝文化传播

研究流程	研究内容
研究选题缘起（出发点）	孝文化对国家治理现代化的战略意义
基础理论准备（支撑点）	■ 现代化背景下青少年德育危机的生成逻辑 ■ 国家治理现代化与青少年德育的内在关系 ■ 青少年德育与孝文化传播的必然联系分析
具体语境分析（关注点）	■ 当代中国治理现代化发展史、成就与问题 ■ 当代中国青少年德育的挑战及其影响因素 ■ 当代中国青少年德育的孝文化传播状况评估与问题归因
应用策略探索（落脚点）	青少年德育中作为"中国经验"的孝文化战略传播
全球视野研究（拓展点）	国外青少年德育中的孝文化传播经验

图 4-48 案例

例 19：

图 4-49 中的例子存在的问题是：表述的可行性内容与课题研究本身关系不紧密，写成了"研究基础""条件保障"中的内容。"可行性"标题写在大标题"研究方法"下面，这个可行性要依据方法、内容来表述可行性。不是说课题组成员有基础、有时间这个课题的研究就是可行的，需要从课题研究的理论选择、方法选择、思路选择上论证研究是可行的。

3.3.2 可行性分析

（1）**申请者具备较强的科研能力。** 申请者长期致力于人力资本配置研究，近年来主持并参与了多项国家级、省部级课题，在《中国人口科学》等学术期刊发表高质量论文十余篇，出版学术专著两部，科研能力较强。

（2）**研究基础比较扎实。** 课题组成员均为青年学者，创新能力强，长期从事相关领域学术研究，并坚持每周开展学术研讨，团队协作能力强，为高质量完成课题研究提供团队保障。前期收集并系统学习了学术专著 20 余部、高水平学术论文余 300 余篇、研究报告 40 余篇，文献基础扎实。

（3）**数据资料可获得性较强。** 本课题以学校应用经济学省级一流学科与理论经济学为依托，以校学术资源为基础；与济南人力资本产业研究院、大数据产业基地建立长期合作，借鉴全国人力资本产业公共服务平台，可将人力资本错配现象数字化并进行动态跟踪。

图 4-49 案例

2. 笔者的成功例子

题目：2016年度国家社会科学基金项目"农民工家庭'链式迁移'与城市接纳方式研究"（16BJY102）。

例1：

笔者的申请书直接、清楚地说明了研究对象是两个。在"研究对象"的标题下面，除了研究对象，其他内容都不要写，如图4-50所示。

1．研究对象

本研究的对象有两个：①预期进入或正在进行"链式迁移"的农民工家庭及成员，主要研究农民工家庭及成员迁移在时间维度上的迁移决策及迁移行为；②准备接纳农民工家庭落户的城市，主要研究在"链式迁移"不同阶段的城市接纳方式（涉及接收家庭及其成员、社会制度结构、社区特征和自然环境等方面）。

图4-50　案例

例2：

笔者采用文字描述研究内容的方式，如图4-51所示。

1．主要内容

在对国内外前期研究综述的基础上，本研究分四大部分展开：

第一部分：数据收集与现状分析。内容包括：相关农民工的基础数据的采集、预测、处理；相关农民工家庭"链式迁移"的基础数据采集与处理；xx省xx市农民工、农民工家庭相关的样本数据采集与处理；城镇化、工业化发展状态相关的数据采集与处理；说明我国农民工家庭"链式迁移"现状与趋势，提出存在的问题。

第二部分：理论分析。内容包括：基本理论与基本方法选择，主要引入"效用分析""成本收益分析"研究"链式迁移"不同阶段，不同群体的决策方式，说明决策影响因素；对城市接纳能力与城市接纳方式的理论分析。理论实证检验，主要引入Logistic回归、Cox回归、泊松回归、情景模拟等计量分析方法，采用样本数据，研究"链式迁移"不同阶段，不同群体的决策影响因素，为城市接纳方式研究奠定基础。

第三部分：经验分析。内容包括：对不同历史阶段国内外推进农业劳动力转移政策进行背景分析、演进过程分析、实施与运行效果及问题分析，并结合现状提出有针对性的、可借鉴的启示。对不同地域、不同经济社会发展水平的城市接纳方式、政策实施、运行效果及问题进行分析，给出经验借鉴和启示。

第四部分：政策分析。内容包括：推进农民工家庭"链式迁移"政策设计的总目标与分目标分析；针对"链式迁移"不同阶段、不同状态、不同群体、不同动机下的政策差异化设计；推进农民工家庭"链式迁移"现行政策与实施效果分析。

最后是结论部分：给出本研究的结论，并说明进一步研究的方向。

图4-51　案例

笔者采用框架图表述的研究总体框架方式，如图4-52所示。

图 4-52 案例

例 3：

笔者用文字描述了研究的主要内容，又用章节结构方式列出了各章节的具体内容。比较文字描述的研究内容可以看出，各个部分，并不一定对应一个章节。一个研究部分可能由多个章节构成，如图 4-53、图 4-54 所示。

```
2. 总体框架
   1. 导言
      1.1 研究背景与研究意义
      1.2 相关研究学术史梳理与研究动态分析
      1.3 研究的主要内容、思路和方法
      1.4 学术价值和应用价值
   2. 基础数据与样本数据采集、处理
      2.1 与我国农民工、农民工家庭相关的基础数据采集与处理
      2.2 与我国城镇化、工业化发展相关的基础数据采集与处理
      2.3 XX 省 XX 市农民工、农民工家庭相关的样本数据采集与处理
      2.4 本研究拟采用的数据归类整理
      2.5 小结
   3. 我国农民工家庭"链式迁移"与城市接纳方式现状分析
      3.1 我国农民工家庭"链式迁移"现状分析
      3.2 我国农民工家庭转移城市接纳方式现状分析
      3.3 我国城镇化、工业化发展与城市接纳能力分析
      3.4 小结
   4. 理论研究之一：基于"效用理论"的分析
      4.1 影响农民工家庭迁移决策的效用分析范式
      4.2 影响农民工家庭"链式迁移"各阶段决策的效用分类与测度
      4.3 农民工家庭"链式迁移"不同阶段效用变化的理论比较
      4.4 小结
   5. 理论研究之二：基于"成本收益理论"的分析
```

图 4-53 案例

> 5.1 影响农民工家庭迁移决策的成本收益分析范式
> 5.2 影响农民工家庭"链式迁移"各阶段决策的成本收益分类与测度
> 5.3 农民工家庭"链式迁移"不同阶段成本收益变化的理论比较
> 5.4 小结
>
> **6. 理论研究之三：城市接纳能力与城市接纳方式的理论分析**
> 6.1 城镇化背景下城市接纳能力与城市接纳方式的理论分析
> 6.2 工业化背景下城市接纳能力与城市接纳方式的理论分析
> 6.3 农民工、农民工家庭城市接纳能力与城市接纳方式比较分析
> 6.4 小结
>
> **7. 理论实证检验：基于样本数据的农民工家庭"链式迁移"不同阶段决策因素分析**
> 7.1 农民工家庭成员初次离乡阶段的决策因素分析
> 7.2 农民工家庭举家迁移阶段的决策因素分析
> 7.3 农民工家庭定居城市阶段的决策因素分析
> 7.4 农民工家庭融入城市阶段的决策因素分析
> 7.5 小结
>
> **8. 经验研究：国内外推进农民工家庭转移的经验分析**
> 8.1 国外推进农民工家庭转移政策的背景与演进过程分析
> 8.2 国内推进农民工家庭转移的背景与演进过程分析
> 8.3 国内外推进农民工家庭转移的经验总结
> 8.4 小结
>
> **9. 政策研究之一：农民工家庭"链式迁移"不同阶段的城市接纳方式与政策设计**
> 9.1 推进农民工家庭"链式迁移"不同阶段政策设计的目标
> 9.2 推进农民工家庭"链式迁移"不同阶段城市接纳方式分析
> 9.3 推进农民工家庭"链式迁移"不同阶段的政策设计
> 9.4 小结
>
> **10. 政策研究之二：推进农民工家庭"链式迁移"不同阶段的政策实施预评估**
> 10.1 农民工家庭成员初次离乡阶段的政策实施预评估
> 10.2 农民工家庭举家迁移阶段的政策实施预评估
> 10.3 农民工家庭定居城市阶段的政策实施预评估
> 10.4 农民工家庭融入城市阶段的政策实施预评估
> 10.5 小结
>
> **11. 结论**

图 4-54 案例

例 4：

笔者明确将重点和难点分开写，让评审专家一目了然，不需要在大量堆积的无用文字中去找"重点""难点"。在难点的选择上，给出一个经济学研究的共同难点，即"政策执行效果评估"。因为在内容设计上，对课题研究所提出的"对策""政策建议"进行了实施效果的预评估。这样写难点相对比较"保险"，因为这个难点是经济学公认的难点，如图 4-55 所示。

> **3. 重点难点**
> （1）重点：根据农民工家庭"链式迁移"不同阶段与城市接纳方式的相关性研究，设计推进农民工家庭"链式迁移"的政策。
> （2）难点：推进农民工家庭"链式迁移"政策的实施效果评估。

图 4-55　案例

例 5：

笔者在描述主要研究分目标时，突出了课题创新点，即从时间维度研究，研究"家庭迁移"的全过程。具体目标设定为"一般规律""迁移行为""行为实施路径""城市接纳方式""对策建议"，由此达到课题的研究目的。研究内容可以分为几个部分或几大主题进行论述，但对主要内容的描述要能体现申请人的主要观点，如图 4-56 所示。

> **4. 主要目标**
> 从时间维度上，研究农民工家庭"链式迁移"全过程，分析不同阶段的迁移决策及其迁移行为，探求农民工家庭"链式迁移"的一般规律。研究不同阶段，农民工家庭结合成员自身条件、家庭条件、社区条件以及社会环境与制度等宏观条件，选择不同的家庭迁移行为路径，提出不同的城市接纳方式，并提出对策建议。

图 4-56　案例

章节结构的写法要避免写成教科书的提纲：（1）不能用研究思路和方法代替主要观点；（2）主要观点要鲜明，不能一般性地论述；（3）研究内容不能过于庞大，否则不能突出主要观点。最重要的是要说明从哪个角度切入，在前期研究的基础上提出申请人自己的观点。

例 6：

笔者的研究思路，如图 4-57 所示。

> **3. [思路方法]** 本课题研究的基本思路、具体研究方法、研究计划及其可行性等。
> **1. 基本思路**
> 在总结前人相关研究成果的基础上，本研究将按以下路径展开：
> 第一步，寻找研究基础，给出解决问题的基本理论与方法。主要完成相关研究的基础数据和样本数据的采集、预测和整理工作，对现状进行分析。确定研究采用的基本理论范式，并进行农民工家庭"链式迁移"不同阶段效

用变化、成本收益变化进行理论比较；对城市接纳能力与城市接纳方式的理论分析。第一步试图实现的研究目标是：获取基础数据，确定研究基本理论。

第二步，进行理论实证检验。理论实证检验主要引入 Logistic 回归、Cox 回归、泊松回归、情景模拟等计量分析方法，采用样本数据，研究"链式迁移"不同阶段、不同群体的决策影响因素。第二步试图实现的研究目标是：说明"链式迁移"不同阶段，不同群体的决策影响因素，为城市接纳方式选择与政策设计研究奠定基础。

第三步，借鉴成熟经验。对不同历史阶段国内外推进农业劳动力转移政策的背景分析；演进过程分析；实施与运行效果及问题分析，结合我国现状提出有针对性的、可借鉴的启示。对我国不同地域、不同经济社会发展水平的城市接纳方式、政策实施、运行效果及问题进行分析，给出经验借鉴和启示。第三步试图实现的研究目标是：给出经验借鉴和启示。

第四步，进行政策研究。第四步试图实现的研究目标是：说明农民工家庭"链式迁移"不同阶段城市接纳方式，设计推进农民工家庭"链式迁移"不同阶段的政策，并对推进农民工家庭"链式迁移"不同阶段的政策实施预评估。

最后，给出本研究的主要结论，并指出进一步研究的方向。

图 4-57　案例

例 7：

笔者为了向评审专家展示对课题研究问题的理解，加了一个设想的研究分类表，让评审专家看到笔者前期的思考和研究基础。前期研究的观点可以列入申请书的论证中，要在前期研究基础上写观点，让评审专家感觉课题申请书是在过去的研究基础上拓展的，如图 4-58 所示。

表1：农民工家庭"链式迁移"迁移选择与城市接纳方式选择

农民工家庭状态	农民工家庭特征	对应的决策	迁移方式选择	城市接纳方式选择
纯农村家庭	无家庭成员外出务工、居住、户籍都在农村的农村家庭	初次离乡决策	有序迁移 举家迁移 代际迁移	
半迁移农民工家庭	部分家庭成员在城乡间流动，没有城市家庭式的独立居所，户籍在农村的农民工家庭	举家迁移决策		以接纳农民工个体为主
举家迁移未定居农民工家庭	全部家庭成员在城乡间流动，固定居所在农村，没有城市家庭式独立居所，户籍在农村的农民工家庭	定居城市决策		以解决居住为主
举家迁移定居农民工家庭	全部家庭成员迁移城市，在城市有家庭式独立居所，户籍在农村的农民工家庭	融入城市决策		以处置农村资产、解决户籍问题为主
融入城市的农民工家庭	家庭成员全部在城市，有城市家庭式独立居所，户籍在城市的农民工家庭			以解决城市居民福利，改进社会制度结构、社区特征和自然环境为主

图 4-58　案例

例8：

笔者为了向评审专家展示课题的研究方法，选择了与学科对应的、规范的研究方法，如图4-59所示。

2. 具体研究方法

除一般熟知的研究方法外，本研究具体采用如下方法，以保证研究的科学性与先进性。

1. 运用新劳动力迁移经济理论中的效用理论和成本收益理论，建立适合中国实际的农民工家庭"链式迁移"决策与行为分析模型，推导出静态和动态迁移决策机制模型。
2. 实证检验：实证检验运用Logistic回归、Cox回归、泊松回归、情景模拟等计量分析方法。采用样本数据，对农民工家庭"链式迁移"效用最大化的求解，对农民工家庭"链式迁移"静态和动态影响因素的Logistic实证分析，对农民工家庭成员迁移数量的泊松回归分析采用边际分析法。
3. 微观分析和宏观分析：农民工家庭"链式迁移"既是一个微观问题，又是一个宏观问题。本研究首先从农民工家庭"链式迁移"收益最大化的微观角度研究迁移原理、最优和影响因素。对农民工家庭"链式迁移"过程各阶段的迁移决策与迁移行为研究则引入微观个体、家庭因素与宏观社区、社会制度因素融合进行研究。最后从宏观角度分析农民工家庭"链式迁移"不同阶段行为影响因素，并提出宏观政策建议。
4. 均衡分析：将农民工家庭放置在微观和宏观各类因素共同作用的环境中进行均衡分析。在研究农民工家庭"链式迁移"分阶段目标时，不考虑阶段与阶段之间的相互影响则采用局部均衡分析，将农民工家庭的成本收益分离，构建短期和长期净收益局部均衡模型。

图4-59 案例

例9：

笔者在写研究计划、研究方案时考虑了研究的整个过程，内容包括：前期准备、调研、撰写报告、论证定稿、结项，如图4-60所示。

3. 研究计划

研究计划进度如表2所示。

表2：时间进度表

年度	月份	任务
2016年	3-6月	在各网站收集官方数据；在各统计年鉴中收集数据。
	7-8月	组织课题组成员，两个本科班58名学生到XX省XX市（XX镇、XX镇）进行农民工家庭调查，收集数据。
	9-10月	国家相关部委调研，了解国家政策；到各大院校、院所调研，了解研究新进展。
	11-12月	汇总XX市其他统计局数据（农村社会经济调查总队调查数据、农业部全国农村固定观察点调查数据），形成基础数据和样本数据。
2017年	4-6月	到选择的各级部门调研，了解推进农民工家庭迁移政策设计和具体实施效果。
	7-8月	组织课题组成员到雇用农民工较多的企业调研，了解他们对农民工政策的理解与诉求。
	9-10月	根据研究中存在的问题和不确定的数据，对上述单位进行有目标的回访。
	11月	完成调研报告、研究报告初稿。
	12月	完成项目结题。

图4-60 案例

例10：

笔者写的可行性分析，如图4-61所示。

> **4．可行性**
> 　　研究依次按背景研究、理论研究、实证检验研究、政策研究展开，符合科学研究的思维与逻辑，研究针对性强，保证了研究过程及结论的科学性。项目申请单位、课题组成员在农业经济研究方面具有一定的学术研究积淀，保证了研究计划的实施。

图4-61　案例

关于研究方法选择，笔者学习了如下三本书，如图4-62、图4-63、图4-64所示。

图4-62　研究方法推荐参考书之一

图4-63　研究方法推荐参考书之二　　图4-64　研究方法推荐参考书之三

4.5 [创新之处] 的写法（活页、申请书）

"创新是学术研究的基本要求。"（杜为公，2008）
　　　　　——《老杜金句》摘句（国家社科基金项目申请）

应写出在学术思想、学术观点、研究方法等方面的特色和创新。

进行写作时，先写出各级标题，然后按照标题填写内容：

1. 在学术思想方面的特色和创新

提出了××的思想。

2. 在学术观点方面的特色和创新

提出了××的观点。

3. 在研究方法方面的特色和创新

采用××理论方法、××数据处理方法。

4.5.1 [创新之处] 写作方法

一般认为，**"创新是学术研究的基本要求"**。

"特色和创新"是通过表述本研究与已有研究的区别，分析比较、提炼出亮点和创新之处。

"[创新之处]"要求写三个方面的特色和创新：学术思想方面的特色和创新、学术观点方面的特色和创新、研究方法方面的特色和创新。

"[创新之处]"有两种写法：（1）写三个方面的创新；（2）写三个方面的特色。

1. 在学术思想、学术观点、研究方法等方面的创新

"学术思想"的创新，主要表述课题研究对于现有的相对完整的理论体系，提出了什么理论成果、修正了什么理论思想体系等。

"学术观点"的创新，主要表述本课题提出的重要看法和结论，表述选择本课题最终得出的结论主要是什么，有几个基本观点，有什么新"看法"，验证了什么观点。

"研究方法"的创新，主要表述在课题研究过程中，采用了前人在研究中没有用到的方法，这个方法不一定是申请人创造的研究方法，可以是一种"移植"。如笔者采用的"时间维度"研究方法就是一种"移植"，这种"移植"也可以列入研究方法的创新中。

不要认为课题结项时才能有观点创新，探索性观点在申请书中也可以表述出来。说明申请人在课题研究开始前，已经有基本观点了。

需要说明的是，强调项目所在的领域、方向在科学上的重要意义，并不等同于本项目在科学上就具有创新性及特色。一般严格按照要求从学术思想方面、学术观点方面和研究方法方面写创新。

2. 在学术思想、学术观点、研究方法等方面的特色

若实在总结不出"在学术思想、学术观点、研究方法等方面的创新"，但"[创新之处]"的内容又不能空着不写，可以考虑写特色。可以从研究视角、方法，数据收集整理方案设计、本研究预期结果的科学性以及研究结论的科学意义等角度写特色。

特色可以从研究切入点、视角写，也可以从对策操作性、解决实际问题方面写。

若前面的要求无法总结出来，也可以从研究视角、方法，数

据收集整理方案设计、本研究预期结果的科学性以及研究结论的科学意义等角度写特色。

"[创新之处]"表述要精练，不要写太多，否则让人觉得不是创新或者太平淡了。创新性应当避免"自以为新"。

需要说明的是，强调项目所在的领域、方向在科学上的重要意义，并不等同于本项目在科学上就具有创新性及特色。一般严格按照要求从学术思想方面、学术观点方面和研究方法方面写特色和创新。

4.5.2 案例点评

1. 不完美写法的例子

例1：

图4-65中的例子存在的问题是：没有按照标题中的要求写。标题要求写"在学术思想、学术观点、研究方法等方面的特色和创新"，例子中只是写了"视角新"，而且将"研究结论新"也列入了创新范围。一般认为，研究结论与别人的不同不能算是"创新"。

> 四、[创新之处] 在学术思想、学术观点、研究方法等方面的特色和创新。
> 本研究的创新之处体现在以下三个方面：
> 第一，研究视角具有一定的创新性。以往关于新型农业经营主体的研究较少从营销能力的角度系统研究，但是无论是家庭承包经营主体、家庭农场、农民合作社、农业产业化龙头企业还是服务组织的生产和发展，都离不开营销能力。本研究在乡村振兴战略的背景下将两者有机结合起来，研究视角具有一定的创新性。
> 第二，研究结论具有一定的创新性。当前对于产业支撑主体营销能力的研究多是独立的、分散的，缺乏系统性和可比性，本研究将各主体置于乡村振兴战略的前提下进行系统分析，使研究结果具有可比性，明确各主体营销能力之间的区别与联系，使研究结论具有一定的创新性。

图4-65 案例

例 2：

图 4-66 中的例子存在的问题是：写成了理论创新和实践创新。这种写法主要是受到"学术价值""应用价值"的影响。有"价值"和有"创新"不是一个概念，需要按照标题要求的内容写。

4.[创新之处]

①从选题角度来看，本课题具有一定的理论创新性。中国饮食文化源远流长，底蕴深厚，但当前鲜有从文旅融合的角度对饮食类"非遗"保护利用开展专项研究。本研究视角新颖，尝试通过以饮食类"非遗"为独特旅游吸引物，以文旅融合方式促进饮食类"非遗"保护和利用，因此选题具有创新性。

②从研究内容上看，有独到的实践特色。本课题在参考相关理论研究成果和借鉴国内外成功经验的基础上，在"一带一路"倡议背景下，构建饮食类"非遗"保护利用，动力机制、合作机制、互利机制、创新机制和保障机制等方面，彰显饮食文化内涵，利用文化与科技融合的契机，逐步创设适合我国非物质文化遗产保护事业发展的新体制、新平台和新方式，提出饮食类"非遗"保护利用相关对策与建议，将饮食类"非遗"与旅游产品开发相融合，以市场需求为导向，引导游客在饮食文化旅游中感知中国优秀传统饮食文化，推动饮食类"非遗"更快、更全面地发展。

图 4-66　案例

例 3：

图 4-67 中的例子存在的问题是：没有按照要求的三个方面写，创新之处写成了思路。

四、创新之处

1.学术思想创新：选择了一个贯通××××××一体化的"全景式"研究。从总体性上探讨××××××一体化中的×××角色实现，将宏观探索与微观分析相结合，为研究范式带来新的启示。

2.研究方法创新：沿着理论研究—实证分析—策略探索的线索，从宏观与微观两个层面分析现状与原因，提升理论研究的实践指导力。

图 4-67　案例

例 4：

图 4-68 中的例子存在的问题是：没有按照要求的三个方面写，写成了研究意义。评审专家会认为申请人不知道课题研究的创新之处。

> 四、[创新之处] 在学术思想、学术观点、研究方法等方面的特色和创新
> 　　已有研究多数从政策的角度剖析××××工作中的种种问题，忽视了×××工作过程中是通过与国家、社会的各类行动者互动博弈，实现各类资源的组合和流动。本研究以国家与社会互动为理论路径，拟在×××××工作互动过程中找问题和规律，避免了在政策上单纯查漏补缺的方式。同时，通过将课题研究与制度实践、制度改革结合起来，较好地实现了理论研究回应实践需要、制度实践反馈理论研究的良性互动，突破大多既有研究面临的实践与理论两张皮困境，开启了×××××机制研究的新范式。

图 4-68　案例

2. 笔者的例子。题目：2016 年度国家社会科学基金项目"农民工家庭'链式迁移'与城市接纳方式研究"（16BJY102）。

例 1：

笔者严格按照要求的三个方面写，如图 4-69 所示。

> 4. [创新之处] 在学术思想、学术观点、研究方法等方面的特色和创新
> 　　1. **提出对农民工家庭"链式迁移"进行时间维度研究的思路。** 农民工家庭"链式迁移"包含空间、时间和行业三个维度。空间维度指农民工家庭决定的外出迁移空间选择。行业维度指农民工家庭的迁移行业选择。时间维度指农民工家庭融入城市的过程，以及在代际间的选择。现有研究多集中在空间和行业维度，对农民工家庭"链式迁移"进行时间维度研究相对较少。
> 　　2. **提出对农民工家庭"链式迁移"过程进行分析的观点。** 认为农民工家庭"链式迁移"包括**五种迁移状态**（无家庭成员迁移状态、部分家庭成员迁移状态、家庭全部成员迁移但没有定居城市状态、家庭全部成员迁移并定居城市状态、家庭融入城市状态）、**四个迁移决策阶段**（初次离乡决策阶段、举家迁移决策阶段、定居城市决策阶段、融入城市决策阶段）、**三种迁移方式**（有序迁移、举家迁移和代际迁移），说明了**四种城市接纳方式选择**（以接纳农民工个体为主，以解决居住为主，以处置农村资产、解决户籍问题为主，以及以解决城市居民福利、改进社会制度结构、社区特征和自然环境为主）。
> 　　3. **实证检验将运用 Logistic 回归、Cox 回归、泊松回归、情景模拟等计量分析方法。** 本研究采用样本数据，运用上述方法说明"链式迁移"不同阶段，不同群体的决策影响因素，从而有针对性地提出不同城市接纳方式对应的政策设计。

图 4-69　案例

4.6 [预期成果] 的写法（活页、申请书）

"学术研究的预期目标是应用，预期成果是达到预期目标的形式。"（杜为公，2008）

——《老杜金句》摘句（国家社科基金项目申请）

应写出成果形式、使用去向及预期社会效益等（略写）。

进行写作时，先写出各级标题，然后按照标题填写内容。

4. [预期成果] 成果形式、使用去向及预期社会效益等。(略写)

（1）成果形式；

（2）使用去向及预期社会效益等。

预期成果是申请书"数据表"中最终成果的具体化。预期成果可分为"中期成果"和"最终成果"。

4.6.1 关于"成果形式（略写）"

"学术研究的预期目标是应用，预期成果是达到预期目标的形式。"

课题研究的结果是以各种形式的成果表现的，一般包括论文、著作、咨询报告、调研报告等。

要在研究目标中体现研究内容与预期成果的关联性，为课题预期目标的完成提供保障。要将研究目标、研究内容与预期成果对应起来，不能写研究内容时只考虑研究内容，写成果时只考虑成果，否则会令人感觉这些成果根本就没有在内容中研究过，引起评审专家对成果的怀疑。

在各种成果形式中，咨询报告、调研报告是用于政府决策咨询的；论文、著作等待是用于学术交流的。当知道了预期成果的去向，就知道了不同预期成果的写作风格。如咨询报告、调研报告更多是说明存在的问题，直接给出解决办法，不需要经过太复杂的理论论证，行文要简洁，字数要少。而对于学术交流目的的成果则要求理论性、继承性、体系性。

笔者在写 [预期成果] 时，除学术论文、学术著作外，还加上了咨询报告、调研报告、数据库、基地建设、人才培养等内容，同时还考虑了结项时能不能完成，因为结项时要"对照国家社会科学基金项目申请书中'预期成果'检查完成情况"。

4.6.2 关于"使用去向及预期社会效益等（略写）"

成果的使用去向主要有两个：一是为政府决策提供咨询建议；二是为学术界提供交流资料。

预期社会效益主要描述在课题研究领域中的政治意义、经济意义，在整个学术发展中的意义等。眼光要瞄准未来，描述长远的前景。

预期社会效益可以写应用，因为效益很难描述，一般主要写预期"可能的效果""可能的效应"。对于社科类课题，一般很难明确说明成果的社会效益，或很难对成果的作用结果进行量化的评估，所以一般只是写可能引发的效果和结果。

笔者由于在普通高校工作，在预期成果中，加入了数据库、基地建设、人才培养等内容，以期为所在高校的发展做出贡献。

4.6.3 [预期成果] 写作可能出现的问题

为了给评审专家一个好印象从而得以立项，有的申请人在其申报材料中将预期成果目标的设定上写得高、大、全，一旦获得立项，在研究过程中则想方设法降低标准，结项的"研究结果"与该课题申报时的预设相差甚远。这种做法是行不通的，因为在结项时专家们会逐个对照检查预期成果的完成情况。

4.6.4 案例点评

1. 不完美写法的例子

例1：

图 4-70 中的例子存在的问题是：仅选择了论文和研究报告，并没有体现课题研究成果对政府决策咨询的作用。

> （三）阶段成果形式及最终成果形式
> 1. 阶段成果形式
> 论文：《贵州少数民族双语教育信息化发展现状》《贵州少数民族双语教育信息化发展现实困境》
> 2. 最终成果形式
> 研究报告：《贵州少数民族双语教育信息化现实困境》

图 4-70 案例

例2：

图 4-71 中的例子存在的问题是：上面的文字说在重要杂志发表高水平学术论文 6 篇以上，发表 6 篇有可能，但仅针对一个课题就发表相关的论文 6 篇可能性比较小，而且需要的时间也会比较长。对于一个有限的选题，在这个选题上经过研究发表 2 篇左右的高水平论文很正常，但很难在一个有限的题目下发表 6 篇以上高质量的论文。国家社会科学基金项目结项要求规定："论文须构成系列，覆盖该课题研究的全部内容，并且是课题重点问题研究的成果。"所以这个成果在结项时会出现问题的。不要为了立项就把成果数量写太多、档次太高，因为论证过程最重要，

相比之下成果占立项成功的比重相对较小。

> 五、[预期成果] 成果形式、使用去向及预期社会效益等
> （一）成果形式
> 1.在国内外相关领域重要期刊上发表高水平学术论文 6 篇以上,作为阶段性研究成果。
> 2.参加相关领域国内外重要会议 2 次,提交会议论文。
> 3.完成"数字经济下网络消费者行为研究"的总报告（35 千字）。
> 4.完成《网络消费者行为学》著作 1 部。
> （二）使用去向与预期社会效益
> 1.使用去向
> （1）理论去向：在国内外公开刊物和学术会议上发表与课题相关的学术论文。
> （2）应用去向：为广大网络消费者的理性消费、高效消费提供借鉴作用；为企业实施精准化、个性化的数字化营销提供指导作用。
> 2.预期社会效益
> 在数字经济下,量化网络消费者的消费效用,预测其决策行为,为网络消费者的消费行为提质升级服务；促使电商企业转型优化、实施精准化、个性化的数字营销,推动我国数字经济高质量发展。

图 4-71　案例

例 3：

图 4-72 中的例子存在的问题是：论文数量偏多,且申请人设定了论文级别,更不容易实现。

> 5.[预期成果] 成果形式、使用去向及预期社会效益等
> 5.1 成果形式
> （1）围绕患者组织在健康治理中的作用分析和患者组织在社会治理中的作用分析写作论文 4~6 篇,拟发表在 CSSCI 或 SSCI 期刊。
> （2）写作出版相关专著一本。

图 4-72　案例

例 4：

图 4-73 中的例子存在的问题是：论文数量偏多,且申请人设定了论文级别。

> 5. [预期成果] 成果形式、使用去向及预期社会效益等
>
> **5.1 成果形式**
>
> （1）出版专著 《杨凌农业高新产业示范区农业经营主体培育体系比较研究》。
> （2）学术论文：在国内外权威期刊上发表 4～6 篇学术论文，其中 SSCI 检索 4 篇以上。
> （3）在国内、国际学术会议上交流本项目研究成果 3～5 次。

图 4-73　案例

例 5：

图 4-74 中的例子存在的问题是：论文数量偏多，且申请人设定了论文级别。

> （一）成果形式：1. 学术论文：发表 CSSCI 期刊或 SSCI 期刊论文 4-6 篇。2. 研究报告：提交 1 篇《村落场域下农民创业企业成长机制与促进策略研究》的研究报告。

图 4-74　案例

2. 笔者的成功例子。题目：2016 年度国家社会科学基金项目"农民工家庭'链式迁移'与城市接纳方式研究"（16BJY102）。

例 1：

笔者预期成果包括：论文、著作、咨询报告、调研报告等，形式多样，指向具体，种类相对比较全，如图 4-75 所示。

> 5. [预期成果] 成果形式、使用去向及预期社会效益等
>
> **1. 成果形式**
>
> 研究报告：《农民工家庭"链式迁移"与城市接纳方式研究》（30万～35 万字）。
> 总咨询报告：《推进农民工家庭"链式迁移"的政策建议》（2万～3 万字）。
> 调研报告：《我国农民工家庭"链式迁移"现状研究》（5 万字）。
> 　　　　　《××省××市农民工家庭"链式迁移"现状研究》（5 万字）。
> 相关论文：《推进农民工家庭"链式迁移"政策研究》（6000～8000 字）。
> 　　　　　《国外推进农民工家庭"链式迁移"的经验分析》（6000～8000 字）。
> 　　　　　《农民工家庭"链式迁移"与城市接纳方式研究》（6000～8000 字）。
> 　　　　　《推进农民工家庭"链式迁移"政策设计方法研究》（6000～8000 字）。
> 出版专著：农民工家庭"链式迁移"与城市接纳方式研究（35万～40 万字）。
> 数据库：我国农民工家庭"链式迁移"与城市接纳方式研究数据库。

图 4-75　案例

例 2：

笔者说明了两个使用去向，且只说明了咨询建议和提供资料参考，如图 4-76 所示。

> **2. 成果使用去向及预期社会效益**
> （1）对农民工家庭"链式迁移"与城市接纳方式理论进行系统总结，可以为各级决策机构提供咨询建议。政策设计方法、政策实施效果评估结论可以为相关部门政策设计提供检验方法。
> （2）本课题完成的系列论文、研究报告和咨询报告可以为推进农民工家庭"链式迁移"与城市接纳方式研究奠定基础。本研究建立的数据库、相关论文、研究报告等文献资料积累，可以与国内同行共享，为其他学者的研究提供资料准备。

图 4-76　案例

4.7 [研究基础]（活页）的写法（课题负责人前期相关代表性研究成果、核心观点等（略写）

"立项不是让你去讲一个新故事，而是让你的故事有一个完美的结局。"（杜为公，2008）

"不能因为没有研究基础就不敢申报，否则你永远没有竞争力。"（杜为公，2008）

"核心观点描述的只能是'点'。"（杜为公，2015）

——《老杜金句》摘句（国家社科基金项目申请）

进行写作时，先写出各级标题，然后按照标题填写内容。

5. [研究基础]课题负责人前期相关代表性研究成果、核心观点等。（略写）

（1）前期相关代表性研究成果；

（2）核心观点。

"研究基础"在《国家社会科学基金项目通讯评审意见表》中的权重是 2 分，主要考查"课题负责人的研究积累和成果"。

主要评价指标是"研究基础"。

"研究基础"需要表达的是:**"我们学习过;做过研究;有条件完成研究。"**

研究基础不一定要达到什么水平,但要表明已经围绕着一个主题进行了系列研究。申请人的前期研究成果没有规定要近3年,当然近期的成果最好,说明申请人直到现在还在关注这个问题的研究。有的前期成果确实不少,但从逻辑上看不出成果之间的关联,评审专家可能会认为申请人没有固定的学术研究方向。如果申请人一直在某个相对固定的领域研究,说明申请人在此领域有学术发言权,是有能力的研究者。

研究基础对课题申报有一定影响,但不是最关键的因素,因为权重只有2分。

4.7.1 关于课题负责人前期相关代表性研究成果(略写)

课题负责人前期相关研究成果写作的重点是"前期"和"相关"。2021年申请书要求成果只能写5项。

研究基础是"课题负责人""前期"与课题题目"相关"的成果,包括专著、论文、调研报告、咨询报告、政府提案等。[①]只写与课题题目相关的成果,要依据不同的成果类型分开列表呈现。论文题目方向要有选择,不能让评审专家感觉到"什么都会,什么都懂"。

注意是"课题负责人"的,不能把课题组成员的成果列入。

---

① 有些高校明确规定只能列一种类型成果,如广州某高校。申请人要严格按照本校的规定填写。

4.7.2 关于"课题负责人前期相关代表性研究成果的核心观点(略写)"

核心观点是"课题负责人前期相关代表性研究成果"的,不能写成正在申请课题研究的核心观点。必须是课题负责人的前期相关代表性研究成果,不能把课题组成员前期相关代表性研究成果的核心观点列入。

核心观点一定要核心。核心观点是对过去在课题研究领域研究成果的主要观点综合描述,而不是对每篇论文、研究报告的描述,选择 2～3 个即可。核心观点尽可能与项目申请的研究主题相关。评审专家主要是看前期成果和申请课题有没有关联性,不一定与题目完全相同,但是要有一定程度的相关性。

前期核心观点不是指本课题的核心观点,而是前期研究的核心观点。

4.7.3 [研究基础]《国家社会科学基金项目课题论证活页》写作可能出现的问题

《国家社会科学基金项目课题论证活页》表格中对"[研究基础]课题负责人前期相关研究成果、核心观点等"有具体的要求,如图 4-77 所示。

> 说明: 1.活页文字表述中不得直接或间接透露个人信息或相关背景资料,否则取消参评资格。2.课题名称要与《申请书》一致,一般不加副标题。前期相关研究成果限报 5 项,只填成果名称、成果形式(如论文、专著、研究报告等)、作者排序、是否核心期刊等,不得填写作者姓名、单位、刊物或出版社名称、发表时间或刊期等。申请人承担的已结项或在研项目、与本课题无关的成果等不能作为前期成果填写。申请人的前期成果不列入参考文献。3.本表须用 A3 纸双面印制中缝装订,一般为 8 个 A4 面,《通讯评审意见表》作为第一页。正文请用合适字号行距排版,各级标题可用黑体字。

图 4-77

特别需要注意的是"活页文字表述中不得直接或间接透露个人信息或相关背景资料""课题名称要与《国家社会科学基金项目申请书》一致""前期相关研究成果限报5项",如图4-77所示。

"活页文字表述中不得直接或间接透露个人信息或相关背景资料"容易理解,一般不会出现问题;"课题名称要与《国家社会科学基金项目申请书》一致"一般也不容易出现问题;"前期相关研究成果限报5项"是2020年开始实行的新规定,若习惯于用2020年以前的表格修改,容易出现问题。申请人不要考虑表格每年是否会有变化,每次申报填写表格时,一定要使用当年的新表格。

"A3纸双面印制中缝装订,一般为8个A4版面",一般也不容易出现问题。需要注意的是:填写《国家社会科学基金项目申请书》表格时,一定首先填写《国家社会科学基金项目课题论证活页》,在字数确定后再粘贴到《国家社会科学基金项目申请书》表格中。《国家社会科学基金项目课题论证活页》具体字数要在美观、易读、排版规范的情况下,依据《国家社会科学基金项目课题论证活页》"8个A4版面"页面写满为准。

4.7.4 案例点评

例1:

图4-78中的例子存在的问题是:按照规定"前期相关研究成果限报5项,只填成果名称、成果形式(如论文、专著、研究报告等)、作者排序、是否核心期刊等,不得填写作者姓名、单位、刊物或出版社名称、发表时间或刊期"等的规定,例子中的研究成果超过了5项。申请人写的"长期从事×××、×××等研究"也与"前期相关研究成果"距离很大,可能是为了申报课题才写

的"长期从事×××、×××等研究",但评审专家能够通过申请人的成果了解实际情况。

```
6.[研究基础] 课题负责人前期相关研究成果、核心观点等
   课题负责人,副教授,硕士生导师,长期从事***、****等研究。近年来主持教育部人文社
科青年项目1项,省软科学、省思想库、省教育规划项目3项,主持*****项目5项;公开发表
学术论文15篇,其中核心及检索8篇;以第一完成人身份获****优秀论文全国三等奖1项,获
***软科学研究一等奖2项、***社科成果二等奖1项。
(1)课题负责人前期相关研究成果(部分)
[1] 基于******的省D市***研究.论文,第一作者。
[2] 农村***及其改善措施.论文,第一作者,***优秀论文奖。
[3] 证券投资**********研究.论文,第一作者,核心期刊。
[4] Analysis on the Impacts of ***********.论文,通讯作者。
[5] 企业****动机、**与***研究.论文,第一作者,核心期刊。
[6] 基于****的******绩效研究.论文,第一作者,核心期刊。
[7] ******下*****协同机制研究.研究报告,第一作者。
[8] *地区协同*****运行机制研究.研究报告,第一作者。
[9] *********的建立及其应用研究.论文,第一作者。
[10] 基于*****的我国*******优化研究.论文,第一作者。
```

图 4-78 案例

例 2:

图 4-79 中的例子存在的问题是:申请人的成果相对较弱,而且多是第三作者,同时也需要考虑改变成果展示类别。

```
(一)课题负责人前期相关研究成果
1.*************,研究报告,第三,国家社科项目结项报告;
2. *************,研究报告,第二,省级项目结项报告;
3. *************,研究报告,第四,省级项目结项报告;
4. *************,论文,第三作者,北大中文核心期刊。
5. *************研究,论文,第三作者,CSSCI。
```

图 4-79 案例

例 3:

图 4-80 中的例子存在的问题是:按照规定"成果形式(如论文、专著、研究报告等)",课题立项不能算是成果,而且超过了 5 项。也没有写"核心观点等"内容。

> 六、[研究基础] 课题负责人前期相关研究成果、核心观点等。
> 　　主持了*****规划办项目：******研究；****项目；******研究；***市级项目：************优化。
> 　　以独立作者的身份发表了***相关的论文有：************设计研究；基于************提升；************定位研究；************设计；以************形象优化。
> 　　七、[参考文献] 开展本课题研究的主要中外参考文献。

图 4-80　案例

例 4：

图 4-81 中的例子存在的问题是：核心观点太多，说明申请人没有理解什么是核心观点。

> 2. 核心观点
> 　　通过多年 8888 岗位的从业经历和多个大项目运作的磨练，掌握了******的基本理念、具体方法、操作技巧，形成了属于自己的理论体系和核心观点：
> 　　(1) **************************************。
> 　　(2) **************************************。
> 　　(3) **************************************。
> 　　(4) **************************************。
> 　　(5) **************************************。
> 　　(6) **************************************。
> 　　(7) **************************************。
> 　　(8) **************************************。
> 　　(9) **************************************。
> 　　(10) ************************************。

图 4-81　案例

例 5：

图 4-82 中的例子存在的问题是：核心观点写成了每篇论文的核心观点，要写成"相关代表性研究成果的核心观点"。

> （二）核心观点
> 　　1. ******************（论文）：************************。
> 　　2. ******************（论文）：************************。
> 　　3. ******************（论文）：************************。
> 　　4. ******************（论文）：************************。
> 　　5. ******************（研究报告）：************************。
> 　　七、参考文献

图 4-82　案例

例 6：

图 4-83 中的例子存在的问题是：搞混了《国家社会科学基

金项目申请书》与《国家社会科学基金项目课题论证活页》的填写内容。这个表格可以在《国家社会科学基金项目申请书》中使用，但表格要按照要求顺序排列，按照"包括项目名称、资助机构资助金额、结项情况、研究起止时间等"的顺序填写。

表10：负责人主持直接相关的课题情况表（近三年）

序号	课题名称	项目来源（立项号）	批准经费	研究起止时间	是否结项
1					
2					
3					
4					
5					

图 4-83　案例

4.8　[研究基础]（申请书）的写法

"立项不是让你去讲一个新故事，而是让你的故事有一个完美的结局。"（杜为公，2008）

"不能因为没有研究基础就不敢申报，否则你永远没有竞争力。"（杜为公，2008）

"核心观点描述的只能是'点'。"（杜为公，2015）

——《老杜金句》摘句（国家社科基金项目申请）

应写出课题负责人前期相关代表性研究成果、核心观点及社会评价等。

进行写作时，先写出各级标题，然后按照标题填写内容：

1. [学术简历] 课题负责人的主要学术简历、学术兼职，在相关研究领域的学术积累和贡献等。

（1）主要学术简历；

（2）学术兼职；

（3）在相关研究领域的学术积累和贡献等。

2.[研究基础]课题负责人前期相关代表性研究成果、核心观点及社会评价等。

（1）前期相关代表性研究成果；

（2）核心观点；

（3）社会评价。

3.[承担项目]负责人承担的各级各类科研项目情况，包括项目名称、资助机构、资助金额、结项情况、研究起止时间等。

4.[与已承担项目或博士论文的关系]凡以各级各类项目或博士学位论文（博士后出站报告）为基础申报的课题，须阐明已承担项目或学位论文（报告）与本课题的联系和区别。（略写）

[研究基础]在《国家社会科学基金项目通讯评审意见表》（《国家社会科学基金项目课题论证活页》）中的权重是2分，主要考查申请人的"课题负责人的研究积累和成果。"

主要评价指标是"研究基础"。

《国家社会科学基金项目申请书》中列出了要求填写的具体内容说明，如图4-84所示。

1.[学术简历]课题负责人的主要学术简历、学术兼职，在相关研究领域的学术积累和贡献等。

2.[研究基础]课题负责人前期相关研究成果、核心观点及社会评价等。

3.[承担项目]负责人承担的各级各类科研项目情况，包括项目名称、资助机构、资助金额、结项情况、研究起止时间等。

4.[与已承担项目或博士论文的关系]凡以各级各类项目或博士学位论文（博士后出站报告）为基础申报的课题，须阐明已承担项目或学位论文（报告）与本课题的联系和区别。（略写）

图4-84 案例

《国家社会科学基金项目申请书》中标题的要求是：[研究基础] 课题负责人前期相关代表性研究成果、核心观点及社会评价等。与《国家社会科学基金项目课题论证活页》的区别是除增加了内容之外，"[研究基础] 课题负责人前期相关研究成果、核心观点及社会评价等"增加了"社会评价等"。

4.8.1 关于"课题负责人的主要学术简历、学术兼职，在相关研究领域的学术积累和贡献等"

学术简历主要表明申请人受到过正规训练，课题与所学专业、学科对应。学术简历也能部分地表明申请人在学术界的交流能力、获得信息的能力。

学术兼职指在本单位之外的学术职务。学术积累和贡献主要表明，围绕课题研究的主题的准备、前期的积累和主要学术贡献。申请人应详细说明与申报项目相关的前期工作基础，说明申请人的基础、能力和学术研究经验。前期研究可以是获得的与课题相关的初步数据、初步结果、已发表的相关学术论文等。前期研究基础是对立项依据和研究内容的有力支撑，是评审专家判断申请人是否是承担此研究命题的最佳人选的重要依据。

《国家社会科学基金项目申请书》和《国家社会科学基金项目课题论证活页》在填写的内容上有些差异，要认真阅读，并按要求填写。特别是不要在《国家社会科学基金项目课题论证活页》中填写《国家社会科学基金项目申请书》中应填的内容。

4.8.2 关于"课题负责人前期相关研究成果、核心观点及社会评价等"

"课题负责人前期相关研究成果、核心观点"应与《国家社会科学基金项目课题论证活页》中填写的内容相同。

社会评价主要表述对"课题负责人前期相关研究成果"的"社会评价"。一般以成果被引用、采纳、转载呈现,也可以用获得的各种奖项呈现,若有新闻媒体的报道也可以写上,但不能写表现个人声望、水平、能力的与申报课题无关的获奖、荣誉等。如有申请人写上了朗诵比赛和冬季长跑获奖,显然没有理解"课题负责人前期相关研究成果的社会评价"的意思。

4.8.3 关于"承担项目"

《国家社会科学基金项目申请书》要求填写:"负责人承担的各级各类科研项目情况,包括项目名称、资助机构、资助金额、结项情况、研究起止时间等。"可以采用表格展现。

项目较多,可以根据与课题主题相关性选择列入,但为了防止重复申报,一些特别相近的项目在列入时要慎重选择。

承担项目一般只写主持的相关项目,要依据不同年份列表呈现,包括项目名称、资助机构、资助金额、结项情况、研究起止时间等。若实在没有主持的项目,参与的也可以写上。

4.8.4 关于"与已承担项目或博士论文的关系(略写)"

《国家社会科学基金项目申请书》要求:"凡以各级各类项目或博士学位论文(博士后出站报告)为基础申报的课题,须阐明已承担项目或学位论文（报告）与本课题的联系和区别（略写）。"

主要说明是不是已承担项目、博士毕业论文、博士后出站报告的延伸和拓展。这一标题的内容若写好了，评审专家会感觉课题是在以前的基础上进行深入研究。写不好时，评审专家会感觉到是用过去的成果重复申报。

"已承担项目"只写与课题题目相关的内容。最好不要空，能写的过去的项目都写上。申请人要从已承担项目的研究对象、研究内容、研究方法、研究创新等方面说明可以成为申请课题的基础。

4.8.5 ［研究基础］（申请书）写作可能出现的问题

（1）列出的成果超过了5项，将课题立项当成成果填写。规定是："前期相关代表性研究成果限报5项，只填成果名称、成果形式（如论文、专著、研究报告等）、作者排序、是否核心期刊等"，课题立项不是成果，但结项后的研究报告是成果。

（2）核心观点没有进行总结归纳，而是写成了一个论文一个核心观点。

（3）"承担项目"列出的项目与课题不相关。

（4）近期的项目若列出，要考虑重复申报问题。

（5）"已承担项目"是空白，评审专家会感觉申请人没有承担过相关课题研究。

4.8.6 案例点评

1. 不完美写法的例子

例 1：

图 4-85 中的例子存在的问题是：没有进行核心观点的综合，而是分别写了每个研究报告、论文的观点，但总体还是对应了土地的研究主题。

> （二）核心观点
> 1. **新型城镇化背景下农业转移人口宅基地退出机制研究（研究报告）**：随着城乡融合发展，农业转移人口融入城镇的意愿和能力不断增强，宅基地退出正在逐渐成为他们的主动理性选择；农村宅基地退出机制的建立必须着眼于问题根治，以"还权赋民"为根本，以价值补偿为核心，以产权激励为导向，以均衡利益的溢价分配为原则，以配套改革制度为保障；不仅要考虑中国特殊国情，还要考虑新型城镇化、地方财政收入、农民土地权益保护等多元政策目标。
> 2. **乡村振兴框架下宅基地"三权分置"的内在要求与实现路径（论文）**：乡村振兴的关键在于盘活农村土地资源，宅基地"三权分置"改革能为乡村振兴带来新的制度改革红利，但要有效防范宅基地"三权分置"制度供给排斥弱势农民利益、突破耕地红线、炒房圈地等方面的潜在风险。
> 3. **"三权分置"下适度放活宅基地使用权探析（论文）**：准确把握放活宅基地使用权的限定性、阶段性、差异性、动态性、平衡性要求，可从赋予宅基地产权主体完整处分权和收益权、适度放开使用权流转范围和方式、拓展宅基地（农房）使用权经营性用途等方面探索放活宅基地使用权的实现途径。
> 4. **基于功能变迁的宅基地制度改革探索（论文）**：计划经济时期形成的农村宅基地制度具有较强的身份性、自用性、保障性、福利性、非财产性、非市场化特征。随着农村宅基地由保障性向财产性转变，其功能重心亦发生转移，必须在坚持宅基地集体所有、农民利益不受损前提下拓展宅基地使用权权能。
> 5. **中国农村土地制度改革的动力、现实需求及影响（论文）**：中国农村土地分散化小规模经营、农业转移人口与土地配置失衡等现实问题极大束缚了劳动力要素的合理流动，农村土地制度改革对于充分释放制度红利、维护社会稳定、提高农村社会生产力具有显著作用。

图 4-85　案例

例 2：

图 4-86 中的例子存在的问题是：核心观点没有进行综合表态，而是对每篇论文进行观点总结。

> **6.2 核心观点**
> 1) 中国××劳动力要素市场存在正向和负向两类扭曲。扭曲的"短期红利"已消退。
> 2) 中国××市场存在产能过剩、成本过高、资本失衡等供给扭曲问题。
> 3) 企业××××与创新绩效之间存在正相关。核心人才流失制约传统××发展。
> 4) IPO 是出版企业融资的主要途径,但出版企业 IPO 后要防范资本要素供给失衡、隐性出逃的风险。
> 5) 中国××发展的微观基础逐渐由内部封闭模式转向市场激励、外部约束、内部整合相融合的开放模式。大资本的进入改变了××网站的市场结构,并进一步影响了××网站的市场行为。
> 6) ××产业结构调整与××受众需求导向存在联动传导机制,而以××产业为核心的××产业集群与城镇化之间存在相互促进的关系。

图 4-86　案例

例 3：

图 4-87 中的例子存在的问题是：采用的是旧表,把条件保障写入了研究基础。

> **四、[条件保障]** 完成本课题研究的时间保证、资料设备等科研条件。
> **1. 课题负责人的研究基础。**课题负责人的研究方向为"XXXXXXX",主持各类课题 4 项,参与各类课题 5 项,发表多篇相关研究领域的期刊论文,包括 3 篇核心期刊文章。
> **2. 课题组成员的研究基础。**课题组成员多具有管理学、计算机科学等背景,且 3 人为高校管理学在读博士。团队成员均发表过与本课题研究相关的高水平学术论文,共计 20 余篇,具有较好的科研基础,能够保证计划的如期完成。
> **3. 其他保障。**课题组成员收集了国内外相关领域的文献达 100 余篇,为本课题的研究打下了坚实的基础。另外,课题负责人及团队成员在时间和精力上均能够保证课题的顺利完成。

图 4-87　案例

2. 笔者的例子

题目：2016 年度国家社会科学基金项目"农民工家庭'链式迁移'与城市接纳方式研究"（16BJY102）。

笔者在已经承担完成的前期成果中,写出了联系与区别。在核心观点中,进一步强化了课题研究的创新点,如图 4-88、图 4-89 所示。

三、研究基础和条件保障

一、**[学术简历]** 课题负责人的主要学术简历、学术兼职、在相关研究领域的学术积累和贡献等。

1. 课题负责人的主要学术简历、学术兼职

课题负责人杜为公教授曾获理学学士、经济学硕士、管理学博士学位，有两站博士后的研究经历，英国伯明翰大学和约克大学访问学者；2006年被评为博士生导师；2009年9月至2012年4月任湖北省钟祥市副市长，负责农业与农村发展工作；现任经济与管理学院副院长、湖北县域经济发展研究中心副主任、经济与管理学院教授（三级）。

2. 课题负责人在相关研究领域的学术积累和贡献等

主持完成国家自然科学基金项目1项、国社科基金项目4项、中国博士后基金项目1项、国家软科学项目1项、湖北省社科基金项目3项。在《农业经济》《农业经济问题研究》《西北农林科技大学学报》《湖北社会科学》《中南财经政法大学学报》《经济学家》《武汉轻工大学学报》等专业杂志上发表论文50余篇，有8篇论文被EI、ISTP检索，论文曾被人大资料中心全文引用。

二、**[研究基础]** 课题负责人前期相关研究成果、核心观点及社会评价等。

1. 课题负责人前期相关研究成果

表8：主编直接相关的专著情况表（近三年）

序号	著作名称	出版社	作者	时间
1				
2				
3				
4				
5				

表9：第一作者发表直接相关的论文情况表（近三年）

序号	论文名称	作者	杂志名称、时间
1			
2			
3			
4			
5			
6			
7			
8			
9			

图 4-88 案例

2. 课题负责人核心观点及社会评价

课题负责人长期从事农业经济与农业经济政策研究，为省政府提供的政策咨询报告受到了各级决策部门的重视。课题负责人提出对农民工家庭"链式迁移"进行时间维度研究的思路。农民工家庭"链式迁移"包含空间、时间和行业三个维度。时间维度指农民工家庭融入城市的过程，以及在代际间的选择。课题负责人提出对农民工家庭"链式迁移"过程进行分析的观点。认为农民工家庭"链式迁移"包括五种迁移状态、四个迁移决策阶段、三种迁移方式、四种城市接纳方式选择。

三、[承担项目]负责人承担的各级各类科研项目情况，包括项目名称、资助机构、资助金额、结项情况、研究起止时间等。

表10：负责人主持直接相关的课题情况表（近三年）

序号	课题名称	项目来源（立项号）	批准经费	研究起止时间	是否结题
1					
2					
3					
4					
5					

四、[与已承担项目的关系]凡以各级各类项目为基础申报的课题，须阐明已承担项目与本课题的联系和区别。

1. 项目名称："十三五"期间农民工对湖北工业发展影响的统计预测分析（2013年湖北省统计项目）

本课题研究给出了如下数据：湖北工业就业人员中农民工的统计数据；湖北不同类型工业企业中，农民工占比的统计数据；依据湖北工业发展的"十三五"目标，不同类型工业企业对劳动力需求的统计预测数据。

联系：本课题研究的是农民工问湖北省的农民工问题，对湖北省农民工的基础数据进行了统计分析，这种研究方法，可以用于对农民工家庭"链式迁移"与城市接纳方式研究。

区别：本课题研究的范围是湖北省，主要研究农民工对湖北工业发展影响。

2. 项目名称：西方农业经济学理论与方法新进展研究（2013年国家社科基金后期资助项目）

本研究的主要内容：总结近年来西方农业经济学理论发展的最新成果；总结近年来西方农业经济学的最新研究方法；提出西方农业经济学新发展对我国农业经济学的借鉴。

联系：本研究是对20世纪90年代以后西方农业经济学理论与方法新进展的总结归纳，可以为本研究提供参考借鉴。与课题研究密切相关的章节是：农户家庭决策；农业人力资源与转移；土地与土地制度；西方农业经济学数理分析、测度计量和实证检验等内容，可以用于对农民工家庭"链式迁移"与城市接纳方式研究。

区别：本研究是对西方农业经济学理论与方法新进展的总结归纳，并没有针对农业劳动力转移问题进行专项研究。

图 4-89 案例

4.9 [经费概算]（申请书）的写法

国家社会科学基金委员会主要"考察选题性质、研究内容、研究方法、研究难度、有无调研任务等因素"来确定资助经费额度。确定项目资助额度时，主要考察选题性质、研究内容、研究方法、研究难度、有无调研任务等因素，并向老、少、边、穷地区倾斜，区分情况、拉开档次，尽量做到科学、合理，不搞"一刀切"。

4.9.1 关于资助经费分类与作用

《国家社会科学基金项目资金管理办法（2016版）》对资助经费使用条目规定如下：项目资金支出是指在项目组织实施过程中与研究活动相关的、由项目资金支付的各项费用支出。项目资金分为直接费用和间接费用。

1. 直接费用

直接费用指在项目研究过程中发生的与之直接相关的费用，具体包括：资料费、数据采集费。会议费/差旅费/国际合作与交流费、设备费、专家咨询费、劳务费、印刷出版费、其他支出等。直接费用应当纳入责任单位财务统一管理，单独核算，专款专用。

2. 间接费用

间接费用指责任单位在组织实施项目过程中发生的无法在直接费用中列支的相关费用，主要用于补偿责任单位为项目研究提供的现有仪器设备及房屋、水、电、气、暖消耗等间接成本，有关管理费用，以及激励科研人员的绩效支出等。间接费用一般按照不超过项目资助总额的一定比例核定。间接费用核定应当与责任单位信用等级挂钩，具体管理规定另行制定。间接费用由责任单位统筹管理使用。责任单位应当处理好合理分摊间接成本和对科研人员激励的关系，根据科研人员在项目工作中的实际贡献，结合项目研究进度和完成质量，在核定的间接费用范围内，公开公正安排绩效支出，充分发挥绩效支出的激励作用。

一般认为，在通常的资助经费限数范围内申请课题经费，则获准的可能性大些，反之则可能性小些。不要在"碰运气"心理支配下"预算"经费，要逐项列出支出项目，合理分配具体金额，说明必要的"依据或理由（课题立项后会填写一个详细的经费预算表）"，理由要充分，支出项目要与研究计划对应，让专家对经费使用预算信服。

[经费概算]表格中每项都要按照《国家社会科学基金项目资金管理办法（2016版）》填写，虽然立项后课题研究中可以经过审批后调整，但有些项目不能以后调整，特别是"调增"。如"第十五条 项目直接费用预算确需调整的，按以下规定予以调整：（一）资料费、数据采集费、设备费、印刷出版费和其他支出预算需要调剂，由项目负责人提出申请，报责任单位审批。（二）会议费/差旅费/国际合作与交流费、专家咨询费、劳务费预算一般不予调增，需要调减用于项目其他方面支出，由项目负责人提出申请，报责任单位审批；如有特殊情况确需调增的，由项目负责人提出申请，经责任单位、所在省区市社科规划办或在京委托管理机构审核同意后，报全国社科规划办审批。项目间接费用预算不得调剂"[①]。

间接费用的比例和使用范围也有规定，如"第八条 间接费用是指责任单位在组织实施项目过程中发生的无法在直接费用中列

---

① 国家社会科学基金项目资金管理办法（2016版）[DB/OL]. [2021-01-30]. http://skc.fjnu.edu.cn/a7/b3/c13315a239539/page.htm.

支的相关费用，主要用于补偿责任单位为项目研究提供的现有仪器设备及房屋、水、电、气、暖消耗等间接成本，有关管理费用，以及激励科研人员的绩效支出等。间接费用一般按照不超过项目资助总额的一定比例核定。具体比例如下：50万元及以下部分为30%；超过50万元至500万元的部分为20%；超过500万元的部分为13%"[①]。如笔者2020年的重点课题，第一批经费到账30万元，约5万元被学校按照管理费、间接费用留在学校，作为学校经费使用。

要认真区分资助经费和到账经费的数量差异，防止以后出现问题而返回修改。还有一些比例限制的特别开支项，要按照到账的经费数额认真填写。如会议费/差旅费/国际合作与交流费比例不得超过经费（到账经费）20%等。

申请人是为了课题立项而申请，所以要严格按照规定和实际需要填写"经费概算"，做到"真实""恰当""合理""节约"。

笔者认为，即便申报的课题确实意义重大、申请人竞争实力强，填写时也要"预算合理、有度"。

经费中不容易使用的项目是"协作费、设备费"。

协作费要求找到协作单位，而且这个协作单位要与国家社会科学基金项目申请书的课题组成员单位一致。对方单位收到转去协作费后，还要出具正式发票（非收据、非行政事业单位资金往来票据），并按照规定纳税。若有些单位要求先来发票再转款，还需要办理借发票手续，这种到处找人签字、到处求人的感觉也许会让从事科研的热情立即"消失殆尽"，心中没有定力的申请人请不要去尝试，以免影响科研。

---

① 国家社会科学基金项目资金管理办法（2016版）[DB/OL]. [2021-01-30]. http://skc.fjnu.edu.cn/a7/b3/c13315a239539/page.htm.

使用设备费时，一般要求用招标方式购买设备，需要自己在学校网站上详细说明对设备的需求、规格、价格区间，然后在网上公示约两个星期，若不"流标"，再在投标商中进行选择。然后收货、验收、开票、签字、报账，需要经历较长的时间。当这些手续完成时，课题研究也基本上结束，只能用于下一个课题的研究。要特别注意"设备费"与"办公经费"的差别，有时申请人认为购买的是"设备"，但财务理解的是"办公用品"，不能在设备费中开支。

笔者认为，如果浪费不起时间，想把时间用的课题研究上，不要列出过高的设备费。

"先进设备不一定能做出先进社科课题，只要现在的设备还能用，就不要更换新设备。"

会议费、打字复印费、书籍费相对使用起来比较简单。根据自己的鉴赏能力，参加一些会议费不高、水平还差不多的会议，可以结识外地的专家学者，可以激发选题的灵感。研究过程中需要进行大量的资料复印、胶印等开支。需要注意的是：版面费不能从经费中列支，千万不要再做花钱发论文的事情。还需要考虑成果查新的费用、查重的费用、出具查重报告（一式四份）的费用等。这些都要列入详细明细。

4.9.2 [经费概算]写作可能出现的问题

（1）由于需要出版专著，有些申请人想调整"间接费用"用于专著的出版费，这是不可以的。"（七）印刷出版费：指在项目研究过程中支付的打印费、印刷费及阶段性成果出版费等"[①]。

---

① 国家社会科学基金项目资金管理办法（2016版）[DB/OL]. [2021-01-30]. http://skc.fjnu.edu.cn/a7/b3/c13315a239539/page.htm.

（2）"间接费用"占比不符合规定。
（3）填写了不容易使用或是报账很麻烦的经费开支项。
（4）填写了过高的"设备费"。

4.9.3 案例点评

1. 不完美"[经费概算]"写法的例子

例 1：

图 4-90 中的例子存在的问题是：金额填写的数字没有居中，没有按照规定比例填写间接费用。

四、经费概算

	序号	经费开支科目	金额(万元)	序号	经费开支科目	金额(万元)
直接费用	1	资料费	4	5	专家咨询费	2
	2	数据采集费	3	6	劳务费	2
	3	会议费/差旅费/国际合作与交流费	6	7	印刷出版费	1
	4	设备费	1	8	其他支出	1
间接费用				合计		

年度经费预算	年份	2019 年	2020 年	2021 年	2022 年	年
	金额（万元）	3	7	7	3	

注：经费开支科目参见《国家社会科学基金项目资金管理办法》。

图 4-90　案例

例 2：

图 4-91 中的例子存在的问题是：超出了资助额度，资助额度一般是 20 万元。

四、经费概算

	序号	经费开支科目	金额(万元)	序号	经费开支科目	金额(万元)
直接费用	1	资料费	2	5	专家咨询费	1.2
	2	数据采集费	1	6	劳务费	2
	3	会议费/差旅费/国际合作与交流费	7	7	印刷出版费	0.8
	4	设备费	0.8	8	其他支出	0.6
间接费用	6.6			合计		22
年度经费预算	年份	2018年	2019年	2020年	2021年	年
	金额(万元)	7	7	4	4	

注：经费开支科目参见《国家社会科学基金项目资金管理办法》。

图 4-91　案例

例3：

图 4-92 中的例子存在的问题是：间接费用占比例计算后的数额不对。

四、经费概算

	序号	经费开支科目	金额(万元)	序号	经费开支科目	金额(万元)
直接费用	1	资料费	1.0	5	专家咨询费	1.5
	2	数据采集费	1.5	6	劳务费	2.0
	3	会议费/差旅费/国际合作与交流费	7.5	7	印刷出版费	3.0
	4	设备费	1.5	8	其他支出	1.0
间接费用	1.0			合计		20.0
年度经费预算	年份	2018年	2019年	2020年	年	年
	金额(万元)	3.0	7.0	10.0		

注：经费开支科目参见《国家社会科学基金项目资金管理办法》。

图 4-92　案例

例 4：

图 4-93 中的例子存在的问题是：设备费过高了。

	序号	经费开支科目	金额（万元）	序号	经费开支科目	金额（万元）
四、经费概算						
直接费用	1	资料费	1.5	5	专家咨询费	2
	2	数据采集费	0.5	6	劳务费	1
	3	会议费/差旅费/国际合作与交流费	1.5	7	印刷出版费	1.5
	4	设备费	5.5	8	其他支出	0.5
间接费用		6		合计		20

注：经费开支科目参见《国家社会科学基金项目资金管理办法》。

图 4-93 案例

例 5：

图 4-94 中的例子存在的问题是：印刷费用太高，大约是想出专著，但规定要求印刷费用只能用于"阶段性成果的印刷费用支出"。设备费开支太多，给评审专家的感觉是什么基础设备都没有，需要这个课题来搞科研的"基本建设"。要给评审专家的信息是：申请人的设备等研究条件都已经具备了，只要课题立项，就能够立即开展研究工作。另外，没有填写间接费用。

	序号	经费开支科目	金额（万元）	序号	经费开支科目	金额（万元）
七、经费概算						
直接费用	1	资料费	0.8	5	专家咨询费	1.8
	2	数据采集费	6.2	6	劳务费	2
	3	会议费/差旅费/国际合作与交流费	1.6	7	印刷出版费	7.6
	4	设备费		8	其他支出	
间接费用				合计		20

注：经费开支科目参见《国家社会科学基金项目资金管理办法》。

图 4-94 案例

例 6：

图 4-95 中的例子存在的问题是：没有填写间接费用。

四、经费概算

	序号	经费开支科目	金额（万元）	序号	经费开支科目	金额（万元）
直接费用	1	资料费	1	5	专家咨询费	2
	2	数据采集费	4	6	劳务费	1
	3	会议费/差旅费/国际合作与交流费	1.5	7	印刷出版费	5
	4	设备费	1	8	其他支出	4.5
间接费用				合计		

注：经费开支科目参见《国家社会科学基金项目资金管理办法》。

图 4-95 案例

例 7：

图 4-96 中的例子存在的问题是：印刷出版费过高了，也没有填写"间接费用"和"合计"。

四、经费概算

	序号	经费开支科目	金额（万元）	序号	经费开支科目	金额（万元）
直接费用	1	资料费	2	5	专家咨询费	1
	2	数据采集费	3	6	劳务费	3
	3	会议费/差旅费/国际合作与交流费	4	7	印刷出版费	6
	4	设备费	1	8	其他支出	
间接费用				合计		
年度经费预算	年份	2019 年	2020 年	2021 年	年	年
	金额（万元）	4	10	6		

注：经费开支科目参见《国家社会科学基金项目资金管理办法》。

图 4-96 案例

2. 笔者的成功例子

例1：

题目：2016年度国家社会科学基金项目"农民工家庭'链式迁移'与城市接纳方式研究"（16BJY102）。

由于笔者已经基本完成了研究报告，就把结项时间定在了2017年，所以计划经费在两年内全部到账。笔者一般很少填写数额较大的设备费，一是设备已经够用，二是不想给评审专家留下印象，好像就是靠这个课题来搞"科研基本建设"。要"尽可能地节约纳税人的钱，把经费最有效地用于科研工作"。2016年还没有要求填写"间接费用"，如图4-97所示。

四、经费预算

序号	经费开支科目	金额（万元）	序号	经费开支科目	金额（万元）
1	资料费	1.5	7	专家咨询费	0.5
2	数据采集费	2.5	8	劳务费	1.5
3	差旅费	3.0	9	印刷费	3.0
4	会议费	1.0	10	管理费	0.2
5	国际合作与交流费	2.0	11	其他费用	2.8
6	设备费	2.0		合计	20.0
年度经费预算	年份	2016年	2017年	2018年	2019年
	金额（万元）	10.0	10.0	0.0	0.0

注：经费开支科目参见《国家社科基金项目经费管理办法》。

图4-97 案例

例2：

题目：2020年度国家社科重点项目"我国贫困治理组合政策中长期效果评估研究"（20AJY013）。

这是笔者2020年立项的"经费概算"。由于已经基本完成了研究报告，就把结项时间定在了2021年12月31日。笔者一般按照"选题性质、研究内容、研究方法、研究难度、有无调研任务等因素"来确定各项经费的概算，如图4-98所示。

四、经费概算

	序号	经费开支科目	金额（万元）	序号	经费开支科目	金额（万元）
直接费用	1	资料费	2.00	5	专家咨询费	3.50
	2	数据采集费	2.50	6	劳务费	1.50
	3	会议费/差旅费/国际合作与交流费	4.50	7	印刷出版费	5.00
	4	设备费	2.50	8	其他支出	3.00
间接费用		10.50		合计		35.00

注：经费开支科目参见《国家社会科学基金项目资金管理办法》。

图 4-98　案例

4.10 [参考文献]（活页、申请书）的写法（开展本课题研究的主要中外参考文献（略写））

进行写作时，先写出各级标题，然后按照标题填写内容。

6. [参考文献]开展本课题研究的主要中外参考文献。（略写）

4.10.1 关于"开展本课题研究的主要中外参考文献（略写）"

参考文献是申请书的一个重要组成部分，参考文献的引用不仅反映了一个科研人员对本领域学科发展状况的了解程度，在一定程度上还反映申请人的研究层次和水平。通过选择和阅读的参考文献，评审专家可以考查申请人对课题研究现状的把握能力、涉猎的学术范围、从文献中选择精品的眼光。

参考文献起点要高，要有深度。要体现研究水平的递进性，要依据研究内容体现，各个研究内容的文献都要照顾到，但不能出现太多的如"概念定义""概念辨析"类的参考文献。

要注意参考文献的权威性和时效性。选择参考文献具备同行公认的权威性、保持文献的系统性、突出关键文献（即缘起性的文献或学术源头）和最新文献。要列入本研究课题相关领域的顶级期刊、最新、最重要的文献，表明已完全掌握本领域的前沿、研究方向及趋势，特别要避免低水平重复。文献一定要做到全面覆盖，既有最初的也有最新的，既有国内的也有国际的。只有覆盖了绝大多数的重要文献，才能保证你对相关问题研究的来龙去脉和研究现状有系统认识。需要对各历史时期的、具有代表性的重要文献做系统深入的研究，本课题研究领域已有的高档次文献一定要列入。课题的创新一定要在系统阅读经典文献，并在此基础上有所创新后形成。

引用文献一般20个左右，不宜过少或过多，取决于《国家社会科学基金项目课题论证活页》的字数情况，且要按照字母进行排序。要与"国内外相关研究的学术史梳理及研究动态"中提到的文献基本对应。

参考文献的写法和格式规范很重要，可以选择本学科两个最重要的杂志的标准规范写参考文献。如经济学科可以采用《经济研究》杂志、《管理世界》杂志的参考文献体例等。

很多评审专家先看"参考文献"的范围和规范程度，对申请人的学术严谨程度进行初步判断，大家一定不能忽视。别以为参考文献没有人看，参考文献其实是判断学术严谨程度的重点指标选项。

4.10.2 [参考文献]写作可能出现的问题

参考文献经常会出现引用不当情况，表现如下。

（1）参考文献与"国内外相关研究的学术史梳理及研究动态"内容不对应。

（2）参考文献陈旧。除经典文献之外，一般应引用近5年的文献。

（3）参考文献以教科书为主。在引用文献中，要明确区别研究著作与教科书学术价值。

（4）只列入与申请人观点相同或相似的参考文献。评审专家认为申请人无法吸取不同观点的研究思想，从而对国家社会科学基金项目申请书的论证产生怀疑。

（5）为表明课题论证的独创性，故意漏引有提示性的参考文献。当前的选题已经被很多学者研究过，也许申请人采用了很多别人的想法，但有时故意漏引相似或有提示性的参考文献。申请人故意漏引的文献，可能评审专家已经研读过了。

（6）不愿引用本单位同行或竞争者的论文资料等。

4.10.3 案例点评

1. 不标准"[参考文献]"写法例子点评

例1：

图 4-99 中的例子存在的问题是：文献太少，文献一般为 20 个左右，而且每个参考文献要进行换行排列。

> 1. **参考文献**：[1]龚关、胡关亮，2013：《中国制造业资源配置效率与全要素生产率》，《经济研究》第 4 期. [2]纪雯雯、赖德胜，2018：《人力资本配置与中国创新绩效》，《经济学动态》第 11 期. [3]李静、楠玉、刘霞辉，2017：《中国经济稳定增长难题：人力资本错配及其解决途径》，《经济研究》第 3 期. [4]李世刚、尹恒，2017：《政府—企业间人才配置与经济增长》，《经济研究》第 4 期. [5]赖德胜、纪雯雯，2015：《人力资本配置与创新》，《经济学动态》第 3 期. [6]李世刚、尹恒，2014：《寻租导致的人才误配置的社会成本有多大?》，《经济研究》第 7 期. [7]袁志刚、解栋栋，2011：《中国劳动力错配对 TFP 的影响分析》，《经济研究》第 7 期. [8]庄子银，2007：《创新、企业家活动配置与长期经济增长》，《经济研究》第 8 期. [9]Acemoglu, D., 1995, "Reward structures and the allocation of talent", *European Economic Review*, 39(1), 17-33. [10]Baumol, W. J., 1996, "Entrepreneurship: Productive, unproductive, and destructive", *Journal of Business Venturing*, 11(1), 3-22. [11]Hsieh, C. T., Hurst, E., Jones, C. I., 2013, "The allocation of talent and US economic growth". *National Bureau of Economic Research*. [12]Murphy, K. M., Shleifer, A., & Vishny, R. W., 1991, "The allocation of talent: Implications for growth", *The Quarterly Journal of Economics*, 106(2), 503-530. [13]Vollrath, D., 2014, "The efficiency of human capital allocations in developing countries", *Journal of Development Economics*, 108, 106-118.

图 4-99　案例

例 2：

图 4-100 中的例子存在的问题是：没有外文文献，格式不规范。

7. [参考文献] 开展本课题研究的主要中外参考文献
[1]John G. Thompson. Mobility of the Factors of Production as Affecting Variation in Their Proportional Relation to Each Other in Farm Organization[J].The Journal of Political Economy,1921,(29).
[2]黄宗智,彭玉生.三大历史性变迁的交汇与中国小规模农业的前景[J].中国社会科学,2007,(4).
[3]韩长赋.全力以赴把现代农业提高到新的水平 为实现十八大提出目标任务作出贡献[J].中国农业会计,2012,(11).
[4]朋文欢,黄祖辉.农民专业合作社有助于提高农户收入吗？—基于内生转换模型和合作社服务功能的考察[J].西北农林科技大学学报（社会科学版）,2017,(7).
[5]朱信凯.启动提升农户营销能力国家战略[J].江西农业大学学报（社会科学版）,2013,(6).
[6]蒋和平.实施乡村振兴战略及可借鉴发展模式[J].农业经济与管理,2017,(6).
[7]陈锡文.我国的农村改革与发展[J].领导科学论坛,2017,(3).
[8]黄祖辉.乡村振兴战略中的适度规模经营问题[J].中国合作经济,2017.
[9]陈锡文.新形势下如何推进农村改革发展[J].农村工作通讯,2016,(11).
[10]黄季焜.中国农业发展最重要的四大驱动力[J].农村工作通讯,2018,(2).

图 4-100　案例

例 3：

图 4-101 中的例子存在的问题是：英文参考文献数量太少，格式不规范。

七、[参考文献] 开展本课题研究的主要中外参考文献
1.马克思、恩格斯、列宁等经典作家的相关著作以及毛泽东、邓小平、江泽民、胡锦涛等领导人的"选集""文选""文集"。
2.《十六大以来重要文献选编》《十七大以来重要文献选编》《十八大以来重要文献选编》。
3.习近平：《习近平谈治国理政》第一卷，外文出版社，2014。
4.习近平：《习近平谈治国理政》第二卷，外文出版社，2017。
5.徐勇、邓大才：《中国农村调查：百村十年观察》系列图书（2006—2015），中国社会科学出版社。
6.中国社科院农村发展研究所编《中国农村发展研究报告》(NO.1-NO.9)系列图书，社会科学文献出版社。
7.俞可平：《推进国家治理与社会治理现代化》当代中国出版社，2014。
8.胡跃高：《2016—2017中国大学生村官发展报告》中国农业出版社，2009。
9.国内学界发表的相关主题论文。
10.【美】詹姆斯·C.斯科特：《国家的视角》社会科学文献出版社，2004。
11.【美】杜赞奇：《文化、权力与国家：1900—1942年的华北农村》江苏人民出版社，1996。
12.【美】埃莉诺·奥斯特罗姆：《公共事务的治理之道》上海三联书店2000年版。
13. Long, Norman From Paradigm Lost to Paradigm Regained.The Case for an Actor-Oriented Sociology of Development.In: Norman Long and Ann Long, eds.Battlefields of Knowledge: The Interlocking of Theory and Practice in Social Research and Development.London: Routledge, 1992.

图 4-101　案例

例 4：

图 4-102 中的例子存在的问题是：参考文献数量不足，与综述中的内容差距较大，格式不规范。

七、[参考文献] 开展本课题研究的主要中外参考文献

伯南克:2010.《行动的勇气：金融危机及其余波回忆录》，北京：中信出版集团。

辜朝明:2008.《大衰退：如何在金融危机中幸存和发展》，北京：东方出版社。

李扬等:2013.《中国国家资产负债表 2013：理论、方法与风险评估》，北京：中国社会科学出版社。

李扬等:2015.《中国国家资产负债表 2015：杠杆调整与风险管理》，北京：中国社会科学出版社。

Goldsmith, R.W. & R.E.Lilpsey.1963. *Studies in the National Balance Sheet of the United States*, Princeton University Press.

S Avdjiev, MKF Chui, and HS Shin. 2014. "Non-financial corporations from emerging market economies and capital flows", *BIS Quarterly Review* 12:23-34.

Frécaut, O.2016. "A national wealth approach to banking crises and financial stability", *IMF Working Paper* No.16/128.

图 4-102　案例

2. 笔者的成功例子

例：题目：2020 年度国家社科重点项目"我国贫困治理组合政策中长期效果评估研究"（20AJY013）。

笔者选择了 18 篇中外参考文献，中文英文文献各 9 篇，如图 4-103 所示。

图 4-103　案例

4.11 "课题组成员（申请书）"的写法

1. 关于"课题组成员"

课题组成员的数量与构成对于课题能否立项、立项后的研究工作能否顺利开展起着决定性的作用。

课题组一般由3～6名成员组成。课题要坚持从自身研究能力、专长、经验，职称层次、学历层次等方面综合考虑，依照对课题研究的贡献程度排位。

重点课题提倡团队合作，由不同年龄、职称、知识结构的科研人员参加的课题组，更加注重跨部门、院校、系所、专业、部门进行合作。

比较合理的组合一般是老中青相结合。注意：青年项目的申请人和课题组成员的年龄均不得超过35周岁。课题组要能体现梯队优势。一般情况下，普通高校真正能够且真正愿意做一些课题研究的也没有几个人。

课题组中正高职称的成员相对难找，主要是因为他们没有评职称压力，但这一现象已经因为各校各个年度考评制度的实施有所缓解。

如果跨学科选题，那么成员中需要有不同学科的成员加入。为了体现理论与实证研究相结合，可以跨单位组建课题组，也可以让实践部门的专家、实施者加入课题组。

2. "课题组成员"填写经常存在的问题

（1）有申请人在课题组中加入本领域的知名学者，这种写法会让评审专家认为申请人对课题研究不自信，加入本领域知名学者的原因有可能是申请人感觉申报条件不够、研究人员不足。

（2）申请人在课题组中挂名人员太多，真研究人员太少。

（3）有申请人在课题组中将在读的硕（博）士生写成"硕（博）士"。

4.12 "课题负责人所在单位审核意见（申请书）"的写法

申请书的最后，"课题负责人所在单位审核意见"栏目，一定要人事档案所在单位盖章。

需要注意的是：兼职教授不能以兼职单位名义申报国家社会科学基金课题。2021年国家社会科学基金申报说明中规定："课题申请单位须符合以下条件：在相关领域具有较雄厚的学术资源和研究实力；设有科研管理职能部门；能够提供开展研究的必要条件并承诺信誉保证。以兼职人员身份从所兼职单位申报国家社会科学基金项目的，兼职单位须审核兼职人员正式聘用关系的真实性，承担项目管理职责并承诺信誉保证。"

单位审核意见的标准内容是：本申请书所填内容完全属实；该课题负责人与参加者从事相关的教学与科研多年，具有较高的科研能力，能够胜任本课题的研究工作；我校将提供完成本课题的时间和各种条件，并承担本项目的管理任务和信誉保证。如图4-104所示。

六、课题负责人所在单位审核意见

申请书所填写的内容是否属实;该课题负责人及参加者的政治和业务素质是否适合承担本课题的研究工作;本单位能否提供完成本课题所需的时间和条件;本单位是否同意承担本项目的管理任务和信誉保证。

　　本申请书所填内容完全属实;该课题负责人与参加者从事相关的教学与科研多年,具有较高的科研能力,能够胜任本课题的研究工作;我校将提供完成本课题的时间和各种条件,并承担本项目的管理任务和信誉保证。

科研管理部门公章　　　　　　　　单位公章
　2016年2月18日　　　　　　　　2016年2月18日

图 4-104　案例

第5章

国家社会科学基金项目申报材料提交前的检查

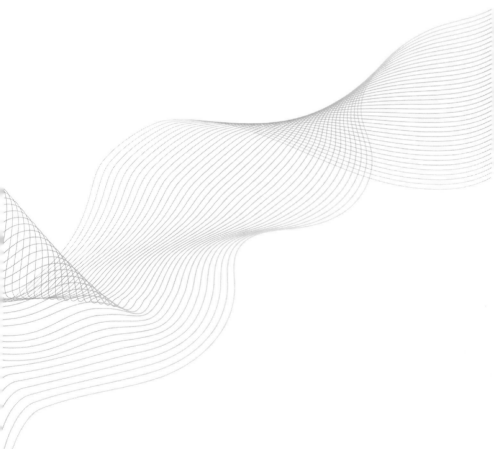

"提交的最后时刻'形式重于内容'。"（杜为公，2008）

"申报材料要表现出严谨、认真的学术态度。"（杜为公，2008）

"国家社会科学基金项目申请书要让内行感觉深刻，让外行能够理解。"（杜为公，2013）

——《老杜金句》摘句（国家社科基金项目申请）

有的申请人在课题论证上下了很大功夫，但因疏忽了填表规范和技术要求，结果在形式审查时被退回修改，虽然好事多磨，但申请人要树立"形式与内容并重"的理念，在提交前对申报材料再次进行认真修改。

5.1 整体逻辑关系的检查

申报材料全文要做到语言表达简练、信息性强、逻辑严谨、层次清晰、主次分明、行文流畅、避免错别字，还要注意各部分之间的合理衔接。申报材料中提出的问题、研究内容、研究基础、课题组成员、经费概算等各方面，应当思路连贯、互相支撑、首尾呼应。

国家社会科学基金项目申报材料提交前需要对全文特别是各部分之间的逻辑再次进行检查，需要做如下的工作。

（1）再一次认真阅读课题申报《申报公告》、填表说明及注意事项，严格按各项要求填写。

（2）通读申报材料全文，检查逻辑关系是否存在。如"是否随意改动原表样式和项目内容？""每段文字是不是与标题对应？""文字是不是具有总结概括能力？""文字是不是清楚、准确表达了思想？""同行是不是理解文字的意思？"等。

（3）对《国家社会科学基金项目申请书》书写形式的检查。最后时刻"形式重于内容"。检查整个表格的美观情况，是否存在表格不充满页面的情况；字号、字体、行距、页边距，每行开头空两格的情况是否统一。规范各级标题的字号、字体的一致性；检查参考文献格式规范性。申报材料中，《国家社会科学基金项目课题论证活页》字数要求7000字左右，一般有8面，《国家社会科学基金项目申请书》一般有16面；《国家社会科学基金项目课题论证活页》与《国家社会科学基金项目申请书》内容是否一致（内容有区别）。可以根据表5-1检查字数与标题重要性的对应情况。

表5-1　《国家社会科学基金项目课题论证活页》各部分字数分配计划表

《国家社会科学基金项目课题论证活页》中的说明			标题与计划		
评价指标	权重	指标说明	标题	字数分配依据	字数分配
选题	3	主要考察选题的学术价值或应用价值，对国内外研究状况的总体把握程度。	1.[选题依据]国内外相关研究的学术史梳理及研究动态（略写）；本课题相对于已有研究的独到学术价值和应用价值等，特别是相对于国家社科基金已立同类项目的新进展。	7000*30%	2100左右

续表

《国家社会科学基金项目课题论证活页》中的说明			标题与计划		
评价指标	权重	指标说明	标　题	字数分配依据	字数分配
论证	5	主要考察研究内容、基本观点、研究思路、研究方法、创新之处。	2.[研究内容]本课题的研究对象、框架思路、重点难点、主要目标、研究计划及其可行性等。（框架思路要列出研究提纲或目录）	7000*50%	3500左右
			3.[创新之处]在学术思想、学术观点、研究方法等方面的特色和创新。		
研究基础	2	主要考察课题负责人的研究积累和成果。	4.[预期成果]成果形式、使用去向及预期社会效益等。（略写）	7000*20%	1400左右
			5.[研究基础]课题负责人前期相关代表性研究成果、核心观点等。		
			6.[参考文献]开展本课题研究的主要中外参考文献。（略写）		

基金委没有对申报材料正文的字体和字号做出严格要求。但要使用常规字体，一般用宋体或仿宋体。字号要适中，不给评审专家带来阅读困难。行间距要适中。笔者一般正文5号字，采用1.35倍行距。首行缩进2个字符。

申报材料中的序号、段落符号不是单纯的形式问题，反映申请人的逻辑思维能力，稍有疏忽，就会引起评审专家的质疑。

准确使用标点符号。一般一二级标题末尾不加句号，三级标题在独立成行的情况下，也不加句号。

层次要分明，段落要清晰，把主题句放在段落的最前面，从而让专家能立即找到申请人想要的内容，且在最短的时间内读懂申请人设计论证的内容。

一般强调的句子以语言简洁、观点明确的短句为宜。如需要长句子则最好不超过3行,一页中非标题类的突出显示不多于2处。有的申请人想强调自己的某些观点或文字的重要性,用字体加粗或更换字体等方式突出显示,但强调的内容太多、突出显示字数太多会使评审专家失去阅读兴趣。有的申请人整段文字或多达半页纸的文字都突出显示,全无重点之意,导致页面凌乱。

(4)检查错别字。最好找别人检查申报材料,因为自己可能存在知识盲区。

(5)写成"精致、精美"的申请书,要对细节追求到"极致"。细节决定成败,国家社会科学基金项目申请书有些细节将会是决定性的,要提交一份格式规范、整齐有序的申请书,给评审专家留下良好的印象。

5.2 《国家社会科学基金项目申请书》内容的检查

1. 对"封面"进行检查

(1)"项目登记号""项目序号"两个代码框申请人无须填写。

(2)"学科分类",按照《国家社会科学基金项目申报数据代码表》填写一级学科名称。封面的学科分类填写一级学科,用汉字填写,不能用代码。《数据表》中的学科分类需要填写汉字,然后对应填写代码。跨学科的课题,按照"靠近优先"原则,选择一个为主学科申报。

(3)"项目类别"在重点项目、一般项目、青年项目中选择。

（4）对课题名称的检查。课题名称要与封面、活页中的名称一致。题目应准确、简明地反映研究内容，一般不加副标题，不超过 40 个汉字（含标点符号）。看是否字数太多？一般 20 字左右为宜。检查题目是不是足够简洁，去掉一些不影响整个课题意思的词（字）坚决删除。题目涉及的概念越少，主题越清晰。题目的表述要科学、严谨、规范、简明，避免引起歧义或争议。确定题目时要仔细阅读《国家社科基金项目 2021 年度课题指南》，《课题指南》条目分为具体条目（带 * 号）和方向性条目两类（以 2021 年度为例）。①

（5）对"申请人所在单位"的检查。要填写一级单位，不能写二级单位。要用全称，不能用简称。如应写"××大学"，不能写成"××大学经济学院"。

（6）"填写日期"与申请人所写的承诺日期一致，2021 年 2 月 25 日前（以 2021 年度为例）。填写的日期要与申请书中其他的填写日期形成逻辑关系。

（7）对封面填写内容的"字体、字号"的检查。申请人填写的内容部分要统一，要注意封面形式上的美观，下划线中间不能断裂。如图 5-1、图 5-2 所示。

---

① 具体条目的申报，可选择不同的研究角度、方法和侧重点，也可对条目的文字表述做出适当修改。方向性条目只规定研究范围和方向，申请人要据此自行设计具体题目。具体条目和方向性条目均可申报重点项目。只要符合《课题指南》的指导思想和基本要求，各学科均鼓励申请人根据研究兴趣和学术积累申报自选课题（包括重点项目）。自选课题与按《课题指南》申报的选题在评审程序、评审标准、立项指标、资助强度等方面同样对待。

| 项目登记号 | | 项目序号 | |

国家社会科学基金项目

申 请 书

学 科 分 类	应用经济
项 目 类 别	一般项目
课 题 名 称	农民工家庭"链式迁移"与城市接纳方式研究
申 请 人 姓 名	杜为公
申请人所在单位	××××××
填 表 日 期	2016 年 2 月 18 日

全国哲学社会科学规划办公室制

2015 年 12 月

图 5-1 申请书填写案例——封面之一

| 项目登记号 | | 项目序号 | |

国家社会科学基金项目

申 请 书

学 科 分 类　　　　应用经济

项 目 类 别　　　　重点项目

课 题 名 称　　我国贫困治理组合政策中长期效果评估研究

申 请 人 姓 名　　　　杜为公

申请人所在单位　　　　××××××

填 表 日 期　　　　2020 年 4 月 18 日

全国哲学社会科学工作办公室制

2019 年 12 月

图 5-2　申请书填写案例——封面之二

2. 对"第二页"进行检查

申请者承诺必须由申请人本人签名,不能打印签名。申请人承诺的日期必须与封面的填写日期一致。

3. 对"数据表"进行检查

（1）《数据表》填写要依据当年的《国家社科基金项目申报数据代码表》规定填写。表格粗框内一律填写代码，细框内填写中文或数字。

（2）"课题名称"与封面保持一致。

（3）"关键词"一定要在课题名称或研究内容中提取，一般要与"研究对象""核心观点"对应。要检查"关键词"与"课题名称"的对应关系。最多不超过 3 个"关键词"，每个"关键词"之间空一格，字数（含空格）不超过 20 个字符。关键词要选择规范、恰当、简短、明确，准确反映问题、内容、方法等，并依照逻辑关系排列。

（4）"学科分类"按照当年的《国家社科基金项目申报数据代码表》中的代码填写学科代码和二级学科名称，代码要与对应的内容填写一致。粗框内填 3 个字符，即二级学科代码；细框内填二级学科名称。如申报哲学学科伦理学专业，则在粗框内填"ZXH"，细框内填"哲学伦理学"字样。跨学科课题填写与其最接近的学科分类代码。国家社会科学基金委员会有可能调整部分学科的申请代码，申请人应查看当年最新发布指南，选准申请代码并正确填写。申报系统是由代码归类进行送审的。申请代码是对申请课题研究领域方向定位的重要标识，不同级别的代码，覆盖的领域大小不同，有一些代码之间会有所交叠。申请人应在理解代码覆盖范围的基础上，根据课题研究内容选择最合适的学科代码。申请代码和关键词是评审时项目分组和专家匹配的重要依据，决定着申请人的课题与哪些项目相比较，由哪些专家评审，从而对项目的评审产生关键影响。

（5）"研究类型"按照申报类别填写。研究类型中选项有"基础研究、应用研究、综合研究和其他研究"，一般选择"基础研究、应用研究"之一。如选"重点项目"填"A"，选"一般项目"

填"B"，选"青年项目"填"C"。

（6）"研究专长"填写二级学科名称，与填写代码对应。一般只填写一个。

（7）"负责人姓名、性别、民族、出生日期"填写中文或阿拉伯数字。

（8）"行政职务"按数据代码表填写代码及具体行政职务。没有行政职务不填写。

（9）"专业职务"按数据代码表填写代码及具体名称。

（10）"最后学历"按数据代码表填写代码及对应的具体学历。

（11）"最后学位"按数据代码表填写已取得的最高学位（应有学位证书：博士、硕士、学士，无学位可不填）。

（12）"担任导师"按数据代码表填写代码及名称，没有担任可不填。

（13）"所在省"按代码表规定填写，粗框内填"T"，细框内填"甘肃省"（以兰州大学为例）。

（14）"所属系统"按代码表规定填写，粗框内填"A"，细框内填"高等院校"。

（15）"工作单位"填写至二级单位全称，即按"××大学+学院"填写，如"××大学哲学社会学院"（全称），不能填写"××大哲社院"等。"通讯地址"不能填写单位名称，而要具体到街道名、门牌号。

（16）"联系电话"填写申请人电话（手机号）。

（17）"身份证件类型、身份证件号码"按照实际情况填写。

（18）"是否在内地（大陆）工作的港澳台研究人员"选择是/否。

（19）"预期成果"从"A.专著 B.译著 C.论文集 D.研究报告 E.工具书 F.电脑软件 G.其他"选择，可以选择一种或两种形式。结项成果原则上须与预期成果一致。课题负责人一定要考虑到结题的难度，实事求是地填写预期成果，否则结题时难以结项。

（20）成果字数以中文千字为单位。一般在 200 千字左右，重点项目在 250 千字左右。当然字数与水平无关，但经费多的对结项报告的要求也会提高。

（21）"申请经费"以万元为单位，填写阿拉伯数字，注意小数点位置。申请经费额度由国家确定，以当年《申报公告》中的对应项目类型的资助额度为准。重点项目 35 万元，一般项目和青年项目 20 万元。申请人应按照《国家社会科学基金管理办法》和《国家社会科学基金项目资金管理办法》的要求，根据实际需要编制科学合理的经费预算。

（22）"计划完成时间"一般填写 3 年。"计划完成时间"从申报时间起计算，完成时间按年度的最终时间填写，如完成时间：2022 年 12 月 31 日。国家社会科学基金项目的完成时限，基础理论研究一般为 3～5 年，应用对策研究一般为 2～3 年。国家社科基金项目，因正当理由可以申请项目延期。应用研究项目延期时间不得超过 1 年，基础研究项目延期时间不得超过 2 年。

从上面格式上看，填写的内容都要居中，如图 5-3 所示。

一、数据表

课题名称	农民工家庭"链式迁移"与城市接纳方式研究					
关键词	农民工家庭　链式迁移　城市接纳方式					
项目类别	B	A.重点项目 B.一般项目 C.青年项目 D.一般自选项目 E.青年自选项目				
学科分类	JYN	农业经济学				
研究类型	B	A.基础研究 B.应用研究 C.综合研究 D.其他研究				
课题负责人	杜为公	性别	男	民族	汉	出生日期 ××××年×月×日
行政职务	C2	副院长	专业职称	A	教授	研究专长 JYN 农业经济学
最后学历	A	研究生	最后学位	A	博士	担任导师 应用经济学
所在省（自治区、直辖市）	I	湖北省			所属系统	A 高等院校
工作单位	×××××× 经济与管理学院				联系电话	18702771368
通讯地址	湖北省武汉市汉口常青花园中环西路特1号				邮政编码	430023

图 5-3　申请书填写案例——数据表

4. 对"课题组成员"的检查

学位	工作单位	研究专长	本人签字
博士	新加坡国立大学研究生院	能源经济	
博士	兰州大学经济学院	宏观经济	
博士	西北农林科技大学经济与管理学院	农业经济	
博士	福建师范大学经济与管理学院	农业经济	
博士	郑州师范学院经济与管理学院	城市经济	
博士	武汉轻工大学经济与管理学院	工商管理	

图 5-4　申请书填写案例——课题组成员

（1）检查"申请人"资格和"课题组成员"资格。"申请人"要"具有副高级以上（含）专业技术职称（职务），或者具有博士学位"；"不具有副高级以上（含）专业技术职称（职务）或者具有博士学位，可以申请青年项目，但年龄不得超过35周岁（如2021年课题的申请人1986年3月15日后出生）"；"在站博士后人员均可申请，其中在职博士后可以从所在工作单位或博士后工作站申请，全脱产博士后从所在博士后工作站申请"。"课题组成员"的规定是："课题负责人同年度只能申报一个国家社科项目，且不能作为课题组成员参与其他国家社会科学基金项目的申请"；"课题组成员同年度最多参与两个国家社会科学基金项目申请"；"在研国家级项目的课题组成员最多参与一个国家社会科学基金项目申请"；"申请国家自然科学基金项目及其他国家级科研项目的负责人同年度不能申请，其课题组成员也不能作为负责人以内容基本相同或相近选题申请"；"申请当年教育部人文社会科学研究一般项目的负责人不能申请同年度国家社会科学基金项目"。要对照规定对每个成员情况进行检查。

（2）对课题组成员"签名"的检查。要求本人用正楷亲笔签名。要提前联系、提前确认、提前签名。若代替别人签字，则是"学术不端"。如若省社科规划办发现同一人签字不同，申报项目均审核不过，不再上报。除课题组成员需要签名外，申请人承诺处也要求亲笔签名。

（3）课题组成员不包括申请人（项目负责人）、管理者和后勤人员。主要参加者若无专业职务，如在实际部门工作人员或在读博士生、在读硕士、在读本科生，应填写行政职务或在读博士或者在读硕士等，学历填写已获得的学历；研究专长，按数据表的二级学科填写汉字。成员的单位填写至二级学院，以证明研究与课题相关。申请人应亲自联系主要参加者，确定落实以下情况：主要参加者没有以负责人名义申报本次国家社科基金项目；没有作为主要参加者参加本次国家社科基金2项以上，没有作为在研国家级项目的课题组成员参与其他国家社科基金项目申请。

课题组成员人数3～6个较合理，职称结构、年龄结构、学科结构要合理。

从笔者课题组成员的构成上也能看出，在普通高校很难找到相同研究方向的合作者，主要依靠同学来构成，所有填写的内容都要居中。

5.3 《国家社会科学基金项目课题论证活页》内容的检查

国家社会科学基金项目通讯评审意见表

项目登记号：			项目序号：					

评价指标	权重	指标说明	专家评分						
选题	3	主要考察选题的学术价值或应用价值，对国内外研究状况的总体把握程度。	10分	9分	8分	7分	6分	5分	4分	3分
论证	5	主要考察研究内容、基本观点、研究思路、研究方法、创新之处。	10分	9分	8分	7分	6分	5分	4分	3分
研究基础	2	主要考察课题负责人的研究积累和成果。	10分	9分	8分	7分	6分	5分	4分	3分
综合评价		是否建议入围	A. 建议入围　　B. 不建议入围						
备注									

评审专家（签章）：

说明：1. 本表由通讯评审专家填写，申请人不得填写。项目登记号和项目序号不填。

2. 请在"评价指标"对应的"专家评分"栏选择一个分值圈圆，不能漏画，也不能多画，权宜仅供参考；如建议该课题入围，请在"综合评价"栏A上画圈，不建议入围的圈选B。"备注"栏可简要填写需要说明的其他事项或不填写。本表须评审专家本人签字或盖章有效。

国家社会科学基金项目课题论证活页

课题名称：	

本表参照以下提纲撰写，要求逻辑清晰，主题突出，层次分明，内容翔实，排版清晰。除"研究基础"外，本表与《申请书》表二内容一致，总字数不超过 7000 字。

1. [选题依据] 国内外相关研究的学术史梳理及研究动态（略写）；本课题相对于已有研究的独到学术价值和应用价值等，特别是相对于国家社科基金已立同类项目的新进展。

2. [研究内容] 本课题的研究对象、框架思路、重点难点、主要目标、研究计划及其可行性等。（框架思路要列出研究提纲或目录）

3. [创新之处] 在学术思想、学术观点、研究方法等方面的特色和创新。

4. [预期成果] 成果形式、使用去向及预期社会效益等。（略写）

5. [研究基础] 课题负责人前期相关代表性研究成果、核心观点等。（略写）

6. [参考文献] 开展本课题研究的主要中外参考文献。（略写）

图 5-5　申请书填写案例——活页

（1）《国家社会科学基金项目课题论证活页》中多数内容与《国家社会科学基金项目申请书》一致，但也有一些区别，要认真比较后填写。《国家社会科学基金项目课题论证活页》是函评专家看到的内容，函评专家评分决定课题能不能参加会评。

（2）《国家社会科学基金项目课题论证活页》须用 A3 纸双面印制中缝装订，一般为 8 个 A4 版面，《通讯评审意见表》作为第一页。内容字数要求 7000 字，但以 8 个页面为准，注意调整行距、字间距。不要有空白页面。《通讯评审意见表》不可删除，也不能移动位置。该表正文用合适字号行距排版，各级标题可用黑体字，《国家社会科学基金项目课题论证活页》填写格式检查可参考本书的附录 2。

（3）活页上方的项目登记号和项目序号不填。《国家社会科学基金项目课题论证活页》上题目要与国家社会科学基金项目申请书中的一致。如图 5-5 所示。

（4）《国家社会科学基金项目课题论证活页》一般不能删除原有标题和提示语。要严格按照"标题和提示语"填写，不能有任何增加和删减。《国家社会科学基金项目课题论证活页》设定的"标题和提示语"是相当有讲究的。笔者实际上是跟着国家社会科学基金项目论证《国家社会科学基金项目课题论证活页》"标题和提示语"中的各项要求学做科研的。不能我行我素、标新立异，不能随意改动原表、原有"标题和提示语"的格式。严格按照样表及表中设定的指导性意见落实。如果确因篇幅需要必须添加页面的，应当整页整版调整、设置，以保证原表的基本样式不变。文字要适当分段，段落不宜过长。同级标题用一样的字体、一样的字号，以便让评审专家在短时间内获取要点。

（5）前期相关代表性研究成果限报 5 项，只填成果名称、成果形式（如论文、专著、研究报告等）、作者排序、是否核心期刊等，不得填写作者姓名、单位、刊物或出版社名称、发表时间或刊期等。申请人承担的已结项或在研项目、与本课题无关的成果等不能作为前期成果填写。成果名称、成果形式等须与《国家社会科学基金项目申请书》一致。

（6）课题负责人的前期成果不列入参考文献。

5.4 提交材料后的课题研究

若我们感觉课题研究真正有价值，提交国家社会科学基金项目申请书后，立即转入研究工作。

立项公示是课题研究工作的正式开始点。要立即召开类似于开题报告会的课题研讨会，听取各界专家的意见。提纲确定后立即展开实际资料收集、数据收集等工作。

没有能够立项也要开始研究，当研究基本完成后，可报国家社科后期资助项目。

第6章

国家社会科学基金项目的结项

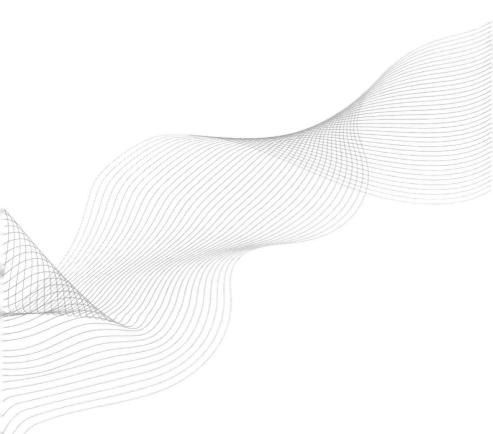

"不能'重申报、轻研究',也不能'重立项、轻结项'。"(杜为公,2008)

——《老杜金句》摘句(国家社科基金项目申请)

项目结项是国家社科基金项目研究过程中的重要环节,要对项目进行"完美收官"。

根据笔者收集的 2008 年到 2020 年的结项数据,结项评价为"优秀"的约占 8.3%,"良好"的约占 39.0%,"合格"的约占 52.6%。"免于鉴定"的约占 52.6%,"暂缓结项"的约占提交结项申请数量的 26.6%,可见有 1/4 以上的送审资料需要修改后重新申请结项鉴定。所以一定要对结项高度重视。[①]

6.1 项目结项与网上结项要求

要"快研究、快结项"。申请人需要等《结项证书》收到以后,才能进行同档次课题的申报。

1. 国家社会科学基金委对项目结项要求

结项材料准备如下。

(1)《国家社会科学基金项目鉴定结项审批书》3 份,其

[①] 由于结项工作直接影响到下一个国家社科基金项目有申报,所以也将结项的内容列入书中,供各位借鉴。

中"经费决算"由财务处审核、签章,"单位审核"由审计处签章,采用2014年版本,可在学校社科处网站里"表格下载"模块下载。

（2）经费开支明细账清单（由财务处出具并审核签章）。需先到财务处将经费开支明细账（一式3份）打印出来,贴在《鉴定结项审批书》中的"经费决算表"栏目处；然后项目负责人根据打印明细表在审批书上填写相关费用支出；最后,在该栏目的指定处盖学校财务处、审计处的公章。

（3）最终成果简介3份（5000字左右）,须项目负责人手写签名。

（4）审批表、最终成果和成果简介刻成光盘,具体数量按各单位要求。

（5）装订成册的、隐去单位名称和申请人姓名的匿名成果材料6套。

笔者2016年立项课题结项时,正值网上结项开始实行。在整个结项过程中经历了所有细节,因为都没有经历过网上结项,费时约一个月才算完成。而且多次因不知道规定而返回修改。特别是到处找人签字、盖章感觉自己"愚蠢至极",科研自信"丧失殆尽"。

认定最终成果的要求如下。

（1）所有成果均须在显著位置明确标注项目来源和批准号,未标注的成果结项时不予认可。

（2）国家社会科学基金最终成果形式有专著、论文和研究报告。不同成果形式评估指标体系不同。项目负责人必须按申报的最终成果形式（限1种）办理结项。最终成果不要署名。因实行双向匿名通讯鉴定制度,项目负责人申请鉴定结项时,不得在鉴定成果中注明本人和课题组成员的姓名、单位及其他相关信息。

以专著结项：提交装订好的最终成果打印稿。最终成果需先鉴定后出版，实行成果先鉴定后出版制度。少数项目成果确需先出版的，须报经全国社科规划办批准。对于违反规定擅自出版的，视为项目负责人自行终止相关资助协议，全国社科规划办将按有关规定追回或扣留该项目研究经费。以论文结项：高质量论文 8 篇以上；论文须构成系列，覆盖该课题研究的全部内容，并且是课题重点问题研究的成果。注意国家社会科学基金认定的论文只能挂一个项目，挂多个项目的论文不能用于结项。装订要求：最终成果鉴定封面、总目录、论文期刊封面、目录页、版权页、正文。注明被引用、被转载的次数。以研究报告结项：提交 10 万字以上的研究报告；研究报告后附正式发表论文以支撑（总目录清单）。结项材料装订要求：最终成果鉴定封面、研究报告，所发表论文总目录清单。

（3）对成果鉴定等级为优秀或按时结项信誉良好者，国家社科办在成果出版和申请新项目方面给予鼓励。成果鉴定为不合格或有不良信誉者，项目负责人三年内不得申请国家社会科学基金新项目。

（4）要明确是否"涉密"，填写清楚"成果字数"。

（5）凡以博士论文或博士后出站报告为基础申报的项目，结项时须提交一份博士论文或博士后出站报告的电子版，并书面说明结项成果与原论文（报告）的区别和联系，以及在内容、观点、结构、研究方法等方面的改进与提高，提交相关说明材料 6 份。

（6）项目名称不能改变，成果名称可以自己拟定，但不能改变当时立项项目名称的内涵与外延。也可加副标题，也可以将立项项目作为副标题。

成果形式以填报阶段为准。选填"（研究报告或论文集）和专著"的结项形式以专著为主,其他作为附件形式,且专著不能先出版。选填"系列论文或专著"的可选其中一种形式结项。选填"研究报告和论文集"的结项形式以研究报告为主,论文集作为支撑,项目负责人作为第一作者的论文列一个清单,项目负责人作为第二作者的论文再列一个清单。

参考文献引用要规范,规范引用其他人的成果,结项时可以列入自己的成果,但引用同样要求规范。

成果要求如下。

(1)专著:强调创新性、系统性、完备性。

(2)研究报告:强调应用价值、学术价值,对重大现实问题等问题是否有帮助,报告是否可行、可靠、有可操作性。

(3)论文集:强调各篇论文之间的逻辑性、完备性,各篇论文是否能够成一个系统。论文发表的时间应在立项以后。若以论文集结项,则需要在成果简介里重点介绍。

(4)查重报告可到万方数据库自助查询,查重比例没有限制要求,自己把握尺度。

重大项目变更要上报国家规划办,其他项目变更上报省规划办,参与人员变更可通过结项审批书反映。结项证书人员名单排序与结项审批书填写的内容一致。

经费使用应与当时填报预算表为准,因为立项时基金委审核过。若有变化,范围波动不要大,可以经过审批调整。若一开始未纳入预算的,实际使用有大额经费支出的,应事先报省规划办审批。

阶段性成果在公开出版和发表,或向有关领导和部门报送时,应当注明受到国家社会科学基金资助。尚未公开发表或发表时间在立项之前的、与研究主题无直接联系的、作者非课题组主要成员的成果一概不能作为阶段性成果填报。

要逐项核对《结项审批书》中所列阶段性成果的名称、成果形式、署名作者、发表刊物及年期、转载情况等，确保各项信息准确无误。

暂缓结项项目包括"修改复审"和"修改后重新鉴定"项目，国家社会科学基金的结项制度非常严格，近一半的项目都需要暂缓结项，项目负责人要正确对待。同时要加快修改进度，尽量在一年之内完成修改。暂缓结项后无故拖延的情况非常严重，需引起重视。修改复审所需材料：纸版"修改说明"2份，包含成果修改稿和修改说明的电子光盘1张。重新鉴定所需材料：除按照一次鉴定的要求重新办理各项结项手续外，还需提交修改说明7份，其中5份装订在成果修改稿内。修改说明也要复制到光盘中。

国家社会科学基金项目成果具备下列条件之一者可申请免于鉴定，但仍须填写《结项审批书》、成果简介，注明免于鉴定的理由，并附有关证明材料，连同最终成果上报以下内容。

（1）获得省部级二等奖以上奖励；

（2）提出的理论观点、政策建议等已经被省部级以上党政领导机关完整采纳吸收；

（3）被国家社会科学基金《成果要报》刊发并得到中央领导批示或有关部门采纳；

（4）涉及党和国家机密不宜公开发表的成果，而质量已得到有关部门认可。

2. 国家社会科学基金项目网上结项流程

登录 https://xm.npopss-cn.gov.cn/？tdsourcetag=s_pcqq_aiomsg，注册个人账号，交各单位科技处审核。

系统填报结项信息，根据下列栏目逐一填写。

特别注意项目资金决算表的填写和附件要求：上传财务明细表，财务与审计证明。财务决算表根据项目预算回执预算科目，将财务明细进行归类加总。每一项超出预算不得超过 10%。如图 6-1 所示。

图 6-1　网上结题流程图之一

所有栏目的填写根据"温馨提示"来填写，有"*"的栏目必填。

所有栏目按要求填写，上传相关附件、提交即可。如图 6-2 所示。

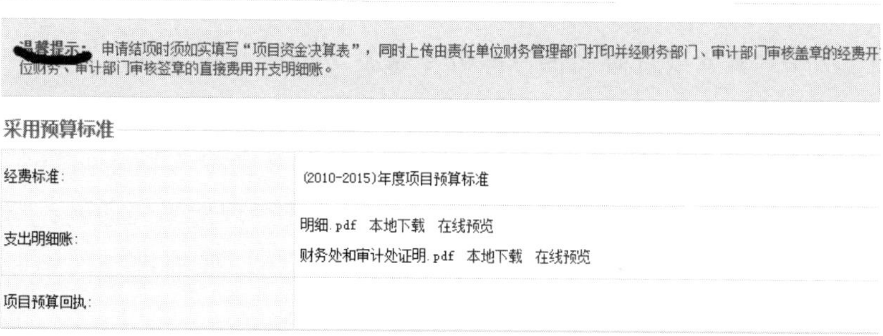

图 6-2　网上结项流程图之二

申请免鉴定的必须要应用证明和领导批示；人大复印资料引用、省部级获奖（引用、获奖要写出具体成果名称，例如"×××"获得***），成果应是课题组成员的（或参与的），并且时间要在"在研期间"的范围内。

3. 结项前的具体工作

一般认为，项目结项前要做如下工作。

（1）在《国家社会科学基金项目申请书》的基础上重新检

索新的论文，完善"国内外相关研究的学术史梳理及研究动态"中的内容。

（2）按照经费概算，依据《国家社会科学基金项目资金管理办法》合理及时使用经费。

（3）自己动手写《国家社会科学基金项目研究报告》《总咨询报告》《调研报告》。整理已经发表且注明国家社会科学基金资助的论文等公开发表的成果资料。完成《专著》定稿，完成数据库建设。自己动手按照《国家社会科学基金项目结项规范》填写《国家社会科学基金项目研究报告》《成果简介》《国家社会科学基金项目鉴定结项审批书》等文件。这些文件一定要自己去完成，不要让别人代劳。"要快"但不是胡乱抄，要考虑查重的问题。"要快"是争取时间写下一个申请书，同时考虑《国家社会科学基金项目研究报告》被专家鉴定后的返回修改时间。

收尾的工作主要是进行书写格式的检查。申报表的形式与内容同等重要，简练、整洁、美观的申报书会给人留下良好的第一印象，因此，谨记书写格式要统一、规范，文笔要通畅，坚决避免错字、漏字和语句不通。要反复斟酌，仔细推敲，不断完善。

4.2016年国家社会科学基金项目结项案例，如图6-3、图6-4所示。

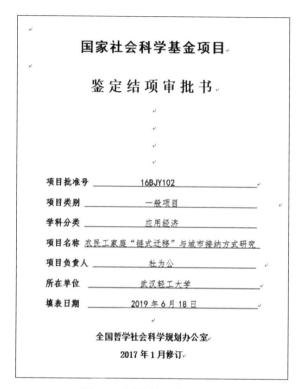

图 6-3　网上结题案例之一

批准号	项目名称	成果名称	责任单位	负责人	鉴定形式	审批结果	来结项编号	结项进度	审核状态	
16BJY102	农民工家庭"链式迁移"与城市接纳方式研究	研究报告:农民工家庭"链式迁移"与城市接纳方式研究	武汉轻工大学	杜为公	通讯鉴定			线上	省级主管单位受理	查看继

图 6-4　网上结题案例之二

6.2　对照申请书中"预期成果"检查成果完成情况

凡在内容上与在研或已结项的各类项目有较大关联的成果，须在国家社会科学基金项目申请书中详细说明所申请项目与已承担项目的联系和区别。

凡以博士学位论文或博士后出站报告为基础申报国家社会科学基金项目，须在《国家社会科学基金项目申请书》中注明所申请项目与学位论文（出站报告）的联系和区别，申请鉴定结项时须提交学位论文（出站报告）原件。

对照检查结项的成果形式。结项时，预期成果前面写什么原则上结项的时候就应当做完什么，结项成果形式原则上要与预期成果一致。如前面写了要发表三篇 C 刊，结果到最后没发表三篇 C 刊，就会有问题。结项对照表如表 6-1 所示。

表 6-1　国家社会科学基金项目预期成果与完成成果对照表

预期成果情况	实际完成成果情况
研究报告	
论文（X 篇）	
著作	
咨询报告	
调研报告	
数据库	
人才培养	

预期成果不能乱写。预期成果中若有成果有"领导批示"的内容，则要省部级领导批示，一般还需提供相关承办部门的采纳证明，采纳证明必须明确成果的作者、所属的项目、采纳的单位和具体应用情况，并加盖相关单位公章；预期成果中若有获奖的内容，则获得省部级以上政府奖的，应提供证书复印件并加盖科研处章以资证明；入编全国社科规划办《成果要报》的提供《成果要报》首页复印件。同时，涉密成果的应提供相当于省部级保密局的涉密证明。

结项规定要求"凡以国家社会科学基金项目名义发表阶段性成果，可以标受国家社会科学基金项目资助字样"。论文挂上国家社会科学基金，更容易入选。但如果论文没有国家社会科学基金，然后找了别人的课题挂上，这种做法是不行的。另外不得同时标注多家基金资助字样。

国家社会科学基金年度项目、青年项目和西部项目有一个中期检查的环节，"每个项目研究期间须接受一次中期检查，一般在研究进程过半时进行，由省（区、市）社科规划办或在京委托管理机构具体部署。中期检查情况是结项的重要依据"。具体如图6-5、图6-6、图6-7、图6-8、图6-9所示。

国家社会科学基金年度项目、青年项目、西部项目

中 期 检 查 表

（ 2016 年度）

批准号 16BJY102 原计划完成时间 201712
项目名称 农民工家庭"链式迁移"与城市接纳方式研究
项目负责人 杜为公
电话 18702711368 （手机） （办）
所在单位 武汉轻工大学
通讯地址 湖北武汉金银湖武汉轻工大学经济与管理学院
邮编 430023 E-mail 18702711368@163.com
填表日期 2017 年 10 月 28 日

全国哲学社会科学规划办公室
2014年1月修订

图6-5 中期检查案例之一

填表要求

1. 国家社科基金年度项目、青年项目和西部项目中期检查时填写该表。每个项目研究期间须接受一次中期检查，一般在研究进程过半时进行，由省（区、市）社科规划办或在京委托管理机构具体部署。中期检查情况是结题的重要依据。

2. 请项目负责人如实填写本表各项内容，纸质表格经所在单位科研管理部门审核盖章后，连同电子版表格报省（区、市）社科规划办或在京委托管理机构。

3. 如有重要的阶段性成果，请及时通过所在单位向全国社科规划办报告，全国社科规划办将组织宣传或送中央有关部门参阅。

4. 项目实施过程中，如有重要事项变更，一律实行报批制度。项目负责人需填写《国家社科基金项目重要事项变更审批表》（从全国社科规划办网站www.npopss-cn.gov.cn 下载），由省区市社科规划办或在京委托管理机构审批或审核后上报全国社科规划办。变更项目管理单位的，须原单位和新单位及所属省（区、市）社科规划办或在京委托管理机构共同签署意见。

5. 单位账号如有变化，请及时书面通知全国社科规划办基金处（电话010-83083062），以保证预留经费拨款到位。

6. 省（区、市）社科规划办或在京委托管理机构每年12月底前向全国社科规划办提交年度检查综合报告，并附当年检查的中期检查表（电子版）。

图 6-6　中期检查案例之二

研究工作情况（可另加附页）

按照项目研究计划，课题组做了哪些工作，研究进度如何；经费是如何使用的。

1. 按照项目研究计划，课题组做了哪些工作

本研究前期严格按照计划执行，后期数据收集工作比预期的难度大，花费时间比较长，为确保研究成果的质量，对计划进行了计划调整。

目前完成的工作是：

（1）发表论文 11 篇（其中 CSSCI 及扩展版 5 篇，核心 1 篇，其他省级 5 篇）

（2）参加湖北省第十一届"挑战杯"大学生课外学术科技作品竞赛，获二等奖。

（3）对麻城市乘马岗镇、钟祥市张集镇进行调研，收回合格问卷198 份。

（4）已经完成报告的理论研究部分；数据正在汇总、处理中。

2. 研究进度如何

已经完成计划任务的 70% 以上。

3. 经费是如何使用的

经费使用严格按照《《国家社会科学基金项目资金管理办法（财教〔2016〕304 号》和《2016 年国家社会科学基金项目资金管理办法解读》执行。在历次省级审计检查中，没有出现任何违规问题。

项目负责人（签章）

2017 年 10 月 28 日

图 6-7　中期检查案例之三

阶段性成果（可另加附页，附成果复印件）					
名称	作者	成果形式	刊物名或出版社、时间	字数（万）	获奖或转摘引用情况
		论文		0.8	CSSCI（扩展版）
		论文		0.9	CSSCI（扩展版）
		论文		0.7	
		论文		0.9	
		论文		0.8	
		论文		0.8	CSSCI（扩展版）
		论文		1.0	核心
		论文		0.5	
		论文		0.8	CSSCI
		论文		0.5	
		论文		0.8	CSSCI
		研究报告		2.5	第十一届"挑战杯"大学生课外学术科技作品竞赛二等奖

图 6-8 中期检查案例之四

图 6-9 中期检查案例之五

主要检查研究对象是否发生变化。因为在研究的过程中，可能性会改变申请时设想的研究对象。若改变了对象，内容整体要保持一致。如图 6-5、图 6-6、图 6-7、图 6-8、图 6-9 所示。

6.3 对照申请书中"研究计划"检查计划落实情况

按照研究计划进度表对照进行检查,以笔者填写的"研究计划"为例,如图 6-10 所示。

3. 研究计划

研究计划进度如表 2 所示。

表2:时间进度表

年度	月份	任务
2016年	3-6月	在各网站收集官方数据;在各统计年鉴中收集数据。
	7-8月	组织课题组成员、两个本科班58名学生到××省××市(××镇、××镇)进行农民工家庭调查,收集数据。
	9-10月	国家相关部委调研,了解国家政策;到各大院校、院所调研,了解研究新进展。
	11-12月	汇总××市其他统计局数据(农村社会经济调查总队调查数据、农业部全国农村固定观察点调查数据),形成基础数据和样本数据。
2017年	4-6月	到选择的各级部门调研,了解推进农民工家庭迁移政策设计和具体实施效果。
	7-8月	组织课题组成员到使用农民工较多的企业调研,了解他们对农民工政策的理解与诉求。
	9-10月	根据研究中存在的问题和不确定的数据,对上述单位进行有目标的回访。
	11月	完成调研报告、研究报告初稿。
	12月	完成项目结题。

图 6-10 案例

做检查表,如表 6-2 所示。

表 6-2 "研究计划"检查计划落实情况对照表

原计划			落实情况	
年 度	月 份	任 务	时间	任务
2016年	3—6月	在各网站收集官方数据;在各统计年鉴中收集数据。		
	7—8月	组织课题组成员、两个本科班58名学生到××省××市(××镇、××镇)进行农民工家庭调查,收集数据。		
	9—10月	国家相关部委调研,了解国家政策;到各大院校、院所调研,了解研究新进展。		
	11—12月	汇总××市其他统计局数据(农村社会经济调查总队调查数据、农业部全国农村固定观察点调查数据),形成基础数据和样本数据。		

续表

原计划			落实情况	
年度	月份	任务	时间	任务
2017年	4—6月	到选择的各级部门调研，了解推进农民工家庭迁移政策设计和具体实施效果。		
	7—8月	组织课题组成员到使用农民工较多的企业调研，了解他们对农民工政策的理解与诉求。		
	9—10月	根据研究中存在的问题和不确定的数据，对上述单位进行有目标的回访。		
	11月	完成调研报告、研究报告初稿。		
	12月	完成项目结题。		

若没有按计划执行，则准备好调整方案和原因说明，在中期检查时上报。

6.4 对照申请书中"经费概算"检查经费使用情况

按照研究计划进度表对照进行检查，以笔者填写的"经费预算"为例，如图6-11所示。

四、经费预算

序号	经费开支科目	金额（万元）	序号	经费开支科目	金额（万元）
1	资料费	1.5	7	专家咨询费	0.5
2	数据采集费	2.5	8	劳务费	1.5
3	差旅费	3.0	9	印刷费	3.0
4	会议费	1.0	10	管理费	0.2
5	国际合作与交流费	2.0	11	其他费用	2.8
6	设备费	2.0	合计		20.0
年度经费预算	年份	2016年	2017年	2018年	2019年
	金额（万元）	10.0	10.0	0.0	0.0

注：经费开支科目参见《国家社科基金项目经费管理办法》。

图6-11 案例

"经费预算"使用情况对照表，如表 6-3 所示。

表 6-3 "经费预算"使用情况对照表

序号	原 计 划		落实情况
	经费开支科目	金额（万元）	金额（万元）
1	资料费	1.5	
2	数据采集费	2.5	
3	差旅费	3.0	
4	会议费	1.0	
5	国际合作与交流费	2.0	
6	设备费	2.0	
7	专家咨询费	0.5	
8	劳务费	1.5	
9	印刷费	3.0	
10	管理费	0.2	
11	其他费用	2.8	

若没有按照"经费预算"计划执行，又没有经过审批调整，则需要对使用超支的项目进行退还。具体退还方法是：用申请人自己账号对学校公用账号转超支的金额，然后让财务处重新打印"经费开支明细账清单"（由财务处出具并审核签章），重新贴在《鉴定结项审批书》中的"经费决算表"栏目处；然后申请人根据打印明细表在审批书上填写相关费用支出；最后，在该栏目的指定处盖学校财务处、审计处的公章。

第7章

国家社会科学基金申报准备

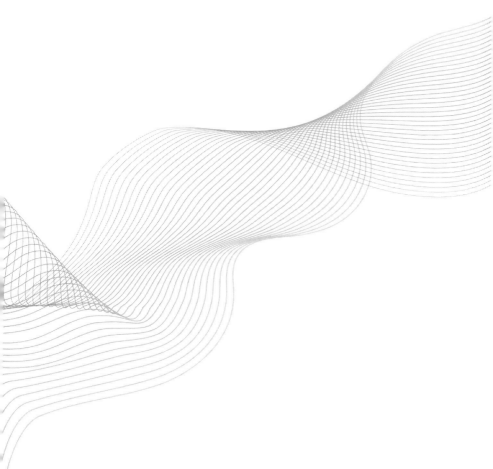

"已经准备好多个国家社会科学基金项目申请书,永远在等课题。"(杜为公,2008)

"文字组织是思路清晰化、条理化和结构化的过程。"(杜为公,2018)

"有好的选题就立即把国家社会科学基金项目申请书写出来。"(杜为公,2012)

"项目中标是小概率事件,而学术研究则是日常工作。"(杜为公,2008)

"立项可能会失误,但写作过程中积累的经验永远不会失败。"(杜为公,2021)

——《老杜金句》摘句(国家社科基金项目申请)

国家社会科学基金项目申报需要一个长期的准备过程。绝不能等到《申报公告》发布后再开始思考申报问题。

博士毕业论文答辩结束的当天晚上,是准备国家社会科学基金项目申报的最佳时间。上一个课题申报材料提交的当天晚上,是开始下一个课题准备的最佳时间。课题立项公示的当天晚上,是开始第二个课题准备的最佳时间。永远没有准备好的国家社会科学基金项目申请书,都是被截止日期倒逼着赶出来的国家社会科学基金项目申请书。所以,一定要提前准备。

7.1 积累成果、储备文献,并设计研究方案

我们需要在一个研究领域之内选择好一个或几个关键词,然后瞄准关键词研读文献、收集资料、发表论文,出版专著也要瞄准关键词,因为只有与关键词相近或相关的成果才能作为研究基础写入申请书。

申请国家社会科学基金之外的各级各类课题时,也要围绕关键词的研究领域选题。

在阅读文献时,注意收集研究方法,思考自己研究的新方案。

当前的学术研究已经细分为多个研究方向,"隔行如隔山",申请人也只能在自己熟悉的研究方向有所建树。我们的时间非常有限,只有"集中火力打歼灭战",才可能取得成功。只有研究集中在一个焦点上,评审专家看到研究基础时,才会感觉申请人是专门研究这个问题的,不把立项给申请人给谁呢?

1. 研读文献,收集资料

研读文献伴随着文献检索的整个过程,收集资料是不断反复进行的过程。

"研读"不仅是简单地阅读文献过程,要用批判和怀疑的眼光去研读文献。对别人的研究结论不要轻信,要多问"为什么"并想办法求证、修正其研究过程和结论。

研读文献的同时就应该按照新的文献线索检索收集新文献。当沿着一个领域去研读文献时,就会有很多的灵感,要随时记下这些灵感以备以后选题使用。

要对文献中的重要信息进行分类记录,特别是出处、方法、结论等重要信息。若申请人在普通高校,可能学校购买的数据库不全,可以到本地比较好的高校去查阅。国外的资料除了利用数

据库外,也可以由在海外工作的同学帮助查找。

2. 发表论文,出版专著

发表论文大家都知道如何做。但在出版专著上,不同的人有不同的理解。

有学者认为出版书不说明什么问题,不能全面地证明一个人的学术水平。但笔者认为,经过思考形成书稿是将知识系统化的过程。"我出的书只有51个人读过,一个是编辑,而自己从构思结构、完成结构设计、成文、校对读了50遍,自己从其中学会了很多的东西。"

笔者在各研究领域的专著准备情况如下。

(1)经济学领域:《经济学》《高级宏观经济学研究》《高级微观经济学研究》《西方经济学前沿理论研究》《西方区域经济学研究》。

(2)国防经济领域:《西方国防经济学理论研究》《国防经济研究方法论》《中外国防经济理论比较研究》《国防经济学说史》(军队研究生内部教材)、《战争的经济承受力研究》《经济战争与战争经济》《西方冲突经济学研究》《西方军事人力经济学研究》《装备经济学研究》《基于全周期寿命的武器装备采购理论与实证研究》。

(3)农业经济领域:《西方农业经济学理论与方法新进展研究》《西方农业经济学研究》《西方农村经济学研究》《西方农民经济学研究》《乡村振兴理论与实践研究》《西方粮食经济学研究》《湖北饲料用粮安全评估研究》。

以上这些专著(书),都可以成为笔者申请"理论经济""应用经济""管理学"学科课题的研究基础。

7.2 预测今后几年热点，并动态跟踪前沿

学习各级政府最新的文件精神（一定要是最新的，因为提法经常变），可以了解领会党和国家的方针政策。认真阅读最新的各级文件、讲话、规划、决议、意见，特别要认真学习重要领导的讲话，关注新提法、新思路。

研究《课题指南》，准确把握国家社会科学规划部门所关心的重要课题和年度申报工作动向，动态跟踪社会科学基础研究前沿和应用对策研究新热点，选择对经济社会发展有重要影响的问题进行研究。这是今后几年国家社会科学基金项目选题的大思路，也是今后一个时期国家社会科学基金资助的重点方向，应引起足够重视。

笔者2020年度的国家社科重点项目"我国贫困治理组合政策中长期效果评估研究"（20AJY013）就是对2020年左右的扶贫效果评估进行预测，并进行了长期的动态跟踪，提前准备了研究基础。

可以通过参加前沿性的会议或查找重要的会议综述，预测今后几年热点，形成"新想法"。

普通高校的教师，申请课题主要靠寻找热点，因为没有团队，没有形成长期的学术传统，不能沿着一条主线长期坚持下去，也只能在自己关注的领域内，什么是热点就研究什么。

对今后几年的选题热点预测后，要马上开始谋划课题申请书写作，并根据自己的研究基础确定题目，确定研究"总目标"和"分目标"，思考研究思路，根据研究思路和分目标确定研究内容，根据研究内容确定"分目标"中涉及的知识点。同时要考虑完成研究任务的可行性。

根据对2020年度与2021年度《课题指南》的对比分析，笔

者建议近年关注如下选题。

（1）"以国内大循环为主体"引起的各种新变化，涉及经济的各个研究领域；

（2）"优化生育政策""增强生育政策包容性"等新提法带来的新变化，特别是社会学要关注这个变化后的选题；

（3）"自贸区""中欧投资协定"与国际经贸的新变化；

（4）"区域经济差距""区域均衡发展"带来的新变化；

（5）"农村用地入市"带来的新变化。

"理论经济""应用经济""管理学"学科中与"三农"相关的选题，可以关注"关键词"。如表7-1所示。

表7-1　笔者对2021年度部分学科选题热点预测表

学　　科	关　键　词
理论经济、应用经济	农村现代化、城乡融合、新型工农城乡关系、乡村振兴、土地制度、农业基础地位、粮食安全、现代农业、现代农业可持续内生发展、农地经营模式、数字乡村、农村集体经济、智慧、农业粮食主产区
管理学	脱贫攻坚与乡村振兴、新型城乡关系、乡村振兴的动力变革、农产品、农村集体建设用地、宅基地"三权分置"、耕地红线、耕地保护、农村电商、农业产业链、返乡创业赋能、家庭农场、景村融合、政企农协、农产品、农业基础设施、中国农业走出去、农村地区家庭教育投资、农产品期货、粮食生产安全、用地保障

7.3　长期关注2～3个研究方向，并准备研究基础

申请人预测今后几年的选题热点，但可能会出现偏差，若只"瞄准一个方向"，有可能在看到《课题指南》时感到没有合适的选题可以报，这样会浪费一年的申报机会。

浪费一年的损失无法弥补，因为按照某个热点问题已经准备了"研究基础"，一年过后这些成果已经失去了"基础"的意义，因为当前"新名词""新思路"层出不穷。

所以，要在绝对保证一个研究方向的基础上，增加 1~2 个研究方向，像关注的第一个方向一样准备研究基础。

笔者长期关注 2~3 个研究方向，由此也取得了较好的效果。如 2013 年实现了从"校立"项目到国家社会科学基金项目各层次课题立项，实现了课题申请的"大满贯"。如图 7-1 所示。

2013年主持国家社科基金后期资助项目"西方农业经济学理论与方法新进展研究"（批准号：13FJY007）；

2013年主持湖北省社科基金项目"中三角'经济区科技合作机制研究"（批准号：2012123）；

2013年主持湖北省教育厅人文社科项目"湖北省突发公共事件影响预评估方法研究——基于自然、经济和社会三个因素的评估"（批准号：13Y049）；

2013年主持武汉市社会科学基金项目"第三次工业革命浪潮下武汉推进新型工业化对策研究"（批准号：13011）；

2013年主持武汉市软科学项目"关于将我市战略性新兴产业打造成支柱高新技术产业的战略措施研究"（批准号：2013144）；

2013年主持湖北省教育厅重点项目"基于协同创新的行业特色型高校学科建设研究"（批准号：130124）；

2013年主持武汉轻工大学重点项目"西方粮食经济理论与方法新进展研究"（批准号：13RW002）；

图 7-1 2013 年从"校立"项目到国家社科基金项目各层次课题中标情况

7.4 已经写好多个项目申请书，在等课题申报公告

"申请书不是思考出来的，是写出来的。"

"文字组织是思路清晰化、条理化和结构化的过程。"

"有好的选题就立即把申请书写出来。"

——《老杜金句》摘句（国家社科基金项目申请）

有任何好的想法，都要写出来。只有落实到文字上，才是真正有用的、能够申报的。

一个申请书写作时没有思路了，就先放一放，修改另一个申请书，这样周而复始会有多个申请书在准备申报。到那时每天想的事情是"怎么还不发课题申请公告啊，有这么多的申请书等着申报呢"。

要经常去阅读全国哲学社会科学规划办公室、国家自然科学基金委员会、中国高校人文社会科学信息网、教育部社会科学司等各部委网站，各省社科规划办、社科联、教育厅，自己学校的科研处网站（若感觉自己学校的科研处网站信息不全，可以在本省找一个比较重视科研高校的科研处网站，一般好的高校，科研处的课题公告信息会比较全），并按规定时间申报。

申报书的写作是靠积累的，是在不断地写作中培养出来的。当然也要做好承受立项失败的准备。课题立项可能失败，但写作申请书的过程所积累的经验是宝贵的。要不断从自己身上找原因，这是保持进步最重要的思维方式。

如笔者对"乡村振兴"问题准备过多个申请书，当有课题需要申请时，按照《课题指南》进行调整立项，如表7-2所示。

表7-2　2018—2019年的课题立项情况表

课 题 名 称	课 题 来 源
湖北农民工返乡创业情况调研	2018年度湖北省统计科研基金项目（TJ2018023）
湖北省乡村振兴模式与路径研究	2018年度湖北省省委"三农"研究院项目（2018001）
以党建创新引领湖北乡村治理方式转变研究——以湖北省驻村干部实践为例	2018年度湖北省党的建设研究中心项目（HBDJ2018003）

续表

课 题 名 称	课 题 来 源
基于"梯度发展"理论的湖北乡村振兴战略差异化实施路径选择研究	2018年度湖北省经济与社会发展研究院项目（2018HBJSY009）
培育壮大乡村振兴主体及其扶持政策、机制研究	2019年度湖北省经济与社会发展研究院项目（2019HBJSY016）
"三乡工程"现状、问题与对策研究	2019年度湖北省社科重大调研项目（2019N44）

不错过任何一次科研项目申报的机会，项目是在不断地申报中中标的。要持之以恒，循序渐进。不能让某次项目申报没有中标的事件干扰学术研究和科研工作。

7.5　长期培养文字交流能力

"要像写情书一样写申请书，先感动自己，然后感动评委。"（杜为公，2016）

"能用文字准确表达自己的思想是申请课题的第一步。"（杜为公，2020）

"申报课题的核心竞争力是申报书的写作能力。"（杜为公，2020）

——《老杜金句》摘句（国家社科基金项目申请）

对各类课题申报资料进行评审时，评审专家评审的不是申请人的"思想"，而是评审把申请人思想变成的文字。"申报课题的核心竞争力是写作，是项目申报书的写作能力"。要通过不停地写作申报书来提高自己的水平。

国家社会科学基金项目申请，需要学会用文字进行交流。要学会用学术语言正确表达思想，让评审专家能理解，实现"用文字与评审专家交流"。

要养成与别人进行文字交流的好习惯。现在笔者在与申请人讨论课题时，都希望使用文字文件交流信息。一方面打印出来研读方便；另一方面主要想借此提高申请人文字表达能力。若因为课题在群中交流聊天，是浪费双方的时间，因为语音聊天无法聚集思想。"文字组织才是思路清晰化、条理化和结构化的过程。"写成文字后，再通读一遍，想一下，这些文字是不是表达了想表达的意思。"能用文字准确表达自己的思想是申请课题的第一步。"很多时候，当申请人看到自己写的文字的时候，才知道这些文字根本就不是想表达的意思。

要能利用文字与别人交流，且别人还能理解文字想表达的意思。能用文字准确地表达思想是第一步，更重要的是第二步，要能通过文字把思想传达给别人。

附录

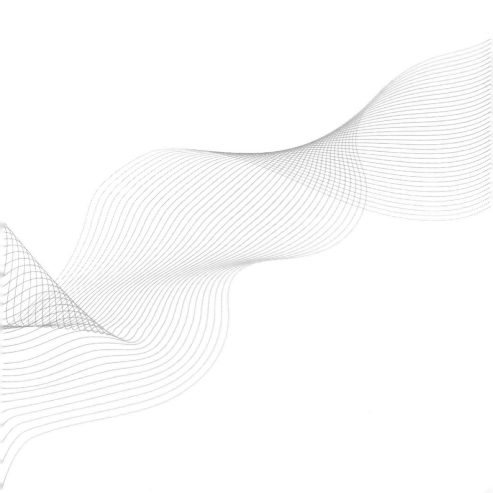

附录 1　国家社会科学基金项目申报资料网址汇总

资料 1：国家社会科学基金项目资金管理办法（2016 版）[DB/OL]. [2021-01-30]. http://skc.fjnu.edu.cn/a7/b3/c13315a239539/page.htm.

资料 2：财政部教科文司、全国哲学社会科学规划办公室有关负责人就《国家社会科学基金项目资金管理办法》有关问题答记者问 [DB/OL]. [2021-01-30].https://skc.csuft.edu.cn/gzdt_2745/201410/t20141010_20706.html.

资料 3：《国家社会科学基金项目资金管理办法》简明指南及有关事项问答 [DB/OL]. [2021-01-30]. https://kyc.nua.edu.cn/2017/1129/c2182a49075/page.htm.

资料 4：2021 年度国家社会科学基金项目申报公告—全国哲学社会科学工作办公室—人民网 http://www.nopss.gov.cn/n1/2021/0106/c219469-31991309.html.

资料 5：国家社会科学基金项目结项规范 [DB/OL]. [2021-01-30]. http://kjc.cqjtu.edu.cn/info/1035/1476.htm.

资料 6：国家社会科学基金项目研究报告—封面 [DB/OL]. [2021-01-30]. http://kjc.cqjtu.edu.cn/info/1035/1476.htm.

资料 7：成果简介——格式 [DB/OL]. [2021-01-30].http://kjc.cqjtu.edu.cn/info/1035/1476.htm.

资料 8：《国家社会科学基金项目鉴定结项审批书》https://wxy.jnu.edu.cn/e8/c4/c3619a125124/page.psp.

资料 9：《全国哲学社会科学工作领导小组、财政部关于进一步完善国家社会科学基金项目管理的有关规定》[DB/OL]. [2021-01-30]. https://www.cee.edu.cn/zhengce/fabu/caiwuguanli/

yusuanguanli/2019-05-21/1627.html.

资料 10：《国家社会科学基金项目申报数据代码表》（2021年度国家社会科学基金项目申报公告）[DB/OL]. [2021-01-30].http://www.bzuu.edu.cn/kyc/2021/0122/c327a50036/page.htm.

附录2 2021年国家社会科学基金项目课题论证（活页）写作格式样板

（开头写一段文字）

一、[选题依据] 国内外相关研究的学术史梳理及研究动态（略写）；本课题相对于已有研究的独到学术价值和应用价值等，特别是相对于国家社会科学基金已立同类项目的新进展。

1. 国内外相关研究的学术史梳理及研究动态

（1）国内相关研究的学术史梳理及研究动态；

（2）国外相关研究的学术史梳理及研究动态；

（3）国内外相关研究及动态评价。

2. 本课题相对于已有研究的独到学术价值和应用价值

（1）本课题相对于已有研究的独到学术价值；

（2）本课题相对于已有研究的独到应用价值。

3. 相对于国家社会科学基金已立同类项目的新进展

（1）已立同类项目的基本情况；

（2）相对于已立同类项目的新进展。

二、[研究内容] 本课题的研究对象、框架思路、重点难点、主要目标、研究计划及其可行性等。（框架思路要列出研究提纲或目录）

1. 研究对象

（1）对象一；

（2）对象二；

（3）对象三。

2. 框架思路

（1）研究内容；

（2）研究框架；

（3）研究思路（融入方法）。

3. 重点难点

（1）重点；

（2）难点。

4. 主要目标

（1）总目标；

（2）分目标。

5. 研究计划及其可行性

（1）研究计划；

（2）可行性。

三、[创新之处] 在学术思想、学术观点、研究方法等方面的特色和创新。

1. 在学术思想方面的特色和创新

提出了××的思想。

2. 在学术观点方面的特色和创新

提出了××的观点。

3. 在研究方法方面的特色和创新

采用××理论方法、××数据处理方法。

四、[预期成果] 成果形式、使用去向及预期社会效益等。（略写）

1. 成果形式；

2. 使用去向及预期社会效益等。

五、[研究基础] 课题负责人前期相关代表性研究成果、核心观点等。（略写）

1. 前期相关代表性研究成果；

2. 核心观点。

六、[参考文献] 开展本课题研究的主要中外参考文献。（略写）

附录3 2021年国家社会科学基金项目（申请书）写作格式样板

1. [学术简历] 课题负责人的主要学术简历、学术兼职，在相关研究领域的学术积累和贡献等。

（1）主要学术简历；

（2）学术兼职；

（3）在相关研究领域的学术积累和贡献等。

2. [研究基础] 课题负责人前期相关代表性研究成果、核心观点及社会评价等。

（1）前期相关代表性研究成果；

（2）核心观点；

（3）社会评价。

3. [承担项目] 负责人承担的各级各类科研项目情况，包括项目名称、资助机构、资助金额、结项情况、研究起止时间等。

4. [与已承担项目或博士论文的关系] 凡以各级各类项目或博士学位论文（博士后出站报告）为基础申报的课题，须阐明已承担项目或学位论文（报告）与本课题的联系和区别。（略写）

附录4　国家社会科学基金项目资金管理办法（2016年）[①]

第一章　总　则

第一条　为了规范国家社会科学基金（以下简称国家社科基金）项目资金的使用和管理，提高资金使用效益，更好推动哲学社会科学繁荣发展，根据国家财政财务管理有关法律法规和中共中央办公厅、国务院办公厅《关于进一步完善中央财政科研项目资金管理等政策的若干意见》，结合《国家社科基金管理办法》有关规定，制定本办法。

第二条　国家社科基金项目资金来源于中央财政拨款，是用于资助哲学社会科学研究，促进哲学社会科学学科发展、人才培养和队伍建设的专项资金。

第三条　国家社科基金项目资金管理，应当以出成果、出人才为目标，坚持以人为本、遵循规律、依法规范、公正合理和安全高效的原则。

第四条　项目责任单位是项目资金管理的责任主体，负责项目资金的日常管理和监督。

第五条　项目负责人是项目资金使用的直接责任人，对资金使用的合规性、合理性、真实性和相关性承担法律责任。

第二章　项目资金开支范围

第六条　项目资金支出是指在项目组织实施过程中与研究活动相关的、由项目资金支付的各项费用支出。项目资金分为直接费用

[①] 国家社会科学基金项目资金管理办法（2016版）[DB/OL]. [2021-01-30]. http://skc.fjnu.edu.cn/a7/b3/c13315a239539/page.htm.

和间接费用。

第七条 直接费用是指在项目研究过程中发生的与之直接相关的费用，具体包括：

（一）资料费：指在项目研究过程中需要支付的图书（包括外文图书）购置费，资料收集、整理、复印、翻拍、翻译费，专用软件购买费，文献检索费等。

（二）数据采集费：指在项目研究过程中发生的调查、访谈、数据购买、数据分析及相应技术服务购买等支出的费用。

（三）会议费/差旅费/国际合作与交流费：指在项目研究过程中开展学术研讨、咨询交流、考察调研等活动而发生的会议、交通、食宿等费用，以及项目研究人员出国及赴港澳台、外国专家来华及港澳台专家来内地开展学术合作与交流的费用。其中，不超过直接费用 20% 的，不需要提供预算测算依据。

（四）设备费：指在项目研究过程中购置设备和设备耗材、升级维护现有设备以及租用外单位设备而发生的费用。

应当严格控制设备购置，鼓励共享、租赁以及对现有设备进行升级。

（五）专家咨询费：指在项目研究过程中支付给临时聘请的咨询专家的费用。

专家咨询费预算由项目负责人按照项目研究实际需要编制，支出标准按照国家有关规定执行。

（六）劳务费：指在项目研究过程中支付给参与项目研究的研究生、博士后、访问学者以及项目聘用的研究人员、科研辅助人员等的劳务费用。

项目聘用人员的劳务费开支标准，参照当地科学研究和技术服务业人员平均工资水平以及在项目研究中承担的工作任务确定，其社会保险补助费用纳入劳务费列支。劳务费预算应根据项目研究实际需要编制。

（七）印刷出版费：指在项目研究过程中支付的打印费、印刷费及阶段性成果出版费等。

（八）其他支出：项目研究过程中发生的除上述费用之外的其他支出，应当在编制预算时单独列示，单独核定。

直接费用应当纳入责任单位财务统一管理，单独核算，专款专用。

第八条　间接费用是指责任单位在组织实施项目过程中发生的无法在直接费用中列支的相关费用，主要用于补偿责任单位为项目研究提供的现有仪器设备及房屋、水、电、气、暖消耗等间接成本，有关管理费用，以及激励科研人员的绩效支出等。

间接费用一般按照不超过项目资助总额的一定比例核定。具体比例如下：50万元及以下部分为30%；超过50万元至500万元的部分为20%；超过500万元的部分为13%。

间接费用核定应当与责任单位信用等级挂钩，具体管理规定另行制定。

第九条　间接费用由责任单位统筹管理使用。责任单位应当处理好合理分摊间接成本和对科研人员激励的关系，根据科研人员在项目工作中的实际贡献，结合项目研究进度和完成质量，在核定的间接费用范围内，公开公正安排绩效支出，充分发挥绩效支出的激励作用。

责任单位不得在核定的间接费用以外再以任何名义在项目资金中重复提取、列支相关费用。

第三章　预算的编制与审核

第十条　项目负责人应当按照目标相关性、政策相符性和经济合理性原则，根据项目研究需要和资金开支范围，科学合理、实事求是地编制项目预算，并对直接费用支出的主要用途和测算理由等作出说明。

项目负责人应当在收到立项通知之日起30日内完成预算编制。无特殊情况，逾期不提交的，视为自动放弃资助。

第十一条 项目预算经责任单位、所在省区市社科规划办或在京委托管理机构审核并签署意见后，提交全国哲学社会科学规划办公室（以下简称全国社科规划办）审核。未通过审核的，应当按要求调整后重新上报。

第十二条 跨单位合作的项目，确需外拨资金的，应当在项目预算中单独列示，并附外拨资金直接费用支出预算。间接费用外拨金额，由责任单位和合作研究单位协商确定。

责任单位应当及时按照合作研究协议和审核通过的项目预算转拨合作研究单位资金。

第四章 预算执行与决算

第十三条 项目负责人应当严格执行批准后的项目预算。确需调剂的，应当按规定报批。

第十四条 项目预算有以下情况需要调剂的，由项目负责人提出申请，经责任单位、所在省市区社科规划办或在京委托管理机构审核同意后，报全国社科规划办审批。

（一）由于研究内容或者研究计划作出重大调整等原因，需要增加或减少项目预算总金额。

（二）原项目预算未列示外拨资金，需要增列。

第十五条 项目直接费用预算确需调剂的，按以下规定予以调整：

（一）资料费、数据采集费、设备费、印刷出版费和其他支出预算需要调剂，由项目负责人提出申请，报责任单位审批。

（二）会议费/差旅费/国际合作与交流费、专家咨询费、劳务费预算一般不予调增，需要调减用于项目其他方面支出，由项目负责人提出申请，报责任单位审批；如有特殊情况确需调增的，由项目负责人提出申请，经责任单位、所在省市区社科规划办或在京委托管理机构审核同意后，报全国社科规划办审批。

项目间接费用预算不得调剂。

责任单位应当按规定及时审批项目预算调剂事项申请。

第十六条　国家社科基金项目资金的支付执行国库集中支付制度。项目资金实行预留资金制度，预留部分资金在项目成果通过审核验收后支付。未通过审核验收的项目，预留资金不予支付。

项目资金属于政府采购范围的，应当按照政府采购有关规定执行。

第十七条　责任单位应当严格执行国家有关科研资金支出管理制度。对应当实行"公务卡"结算的支出，按照中央财政科研项目使用"公务卡"结算的有关规定执行。专家咨询费、劳务费等支出，原则上应当通过银行转账方式结算，从严控制现金支出事项。

对于野外考察、数据采集等科研活动中无法取得发票或财政性票据的支出，在确保真实性的前提下，责任单位可按实际发生额予以报销。

第十八条　项目研究完成后，项目负责人应当会同科研、财务、审计、资产等管理部门及时清理账目与资产，如实编制《国家社科基金项目结项审批书》中的项目决算表，不得随意调账变动支出、随意修改记账凭证。

有外拨资金的项目，外拨资金决算经合作研究单位财务、审计部门审核并签署意见后，由项目负责人汇总编制项目资金决算。

第十九条　项目研究成果首次鉴定的费用由全国社科规划办另行支付。首次鉴定未通过并组织第二次鉴定的，鉴定费从项目预留资金中扣除。

第二十条　项目在研期间，年度剩余资金可以结转下一年度继续使用。项目研究成果完成并通过审核验收后，结余资金可用于项目最终成果出版及后续研究的直接支出。若项目研究成果通过审核验收2年后结余资金仍有剩余的，应当按原渠道退回国家社科基金，结转下年统筹用于资助项目研究。

项目成果未通过审核验收的项目，或责任单位信用评价差的，结余资金应当在接到有关通知后30日内按原渠道退回国家社科基金。

第二十一条　对于因故被终止执行的项目的结余资金，以及因故被撤销的项目的已拨资金，责任单位应当在接到有关通知后30日内按原渠道退回国家社科基金。

第二十二条　项目实施过程中，使用项目资金形成的固定资产、无形资产等属于国有资产，应当按照国有资产管理的有关规定执行。

第五章　管理与监督

第二十三条　项目负责人应当依法依规使用项目资金，不得擅自调整外拨资金，不得利用虚假票据套取资金，不得通过编造虚假劳务合同、虚构人员名单等方式虚报冒领劳务费和专家咨询费，不得使用项目资金支付各种罚款、捐款、赞助、投资等。

项目负责人使用项目资金情况应当自觉接受有关部门的监督检查。

第二十四条　责任单位应当制定项目资金内部管理办法，明确审批程序、管理要求和报销规定，落实项目预算调剂、间接费用统筹使用、劳务费分配管理、结余资金使用等管理权限。

责任单位应当加强项目预算审核把关，规范财务支出行为，完善内部风险防控机制，强化资金使用绩效评价，保障资金使用安全规范有效。责任单位项目资金管理和使用情况，要自觉接受国家财政、审计、监察部门和全国社科规划办的监督检查。责任单位应当积极配合，如实反映情况，提供有关资料。

责任单位应当建立健全科研财务助理制度，为科研人员在项目预算编制和调剂、经费支出、项目资金决算和验收等方面提供专业化服务。

责任单位应当充分利用信息化手段，建立健全单位内部科研、财务、项目负责人共享的信息平台，提高科研管理效率和便利化程度。

第二十五条　各省区市社科规划办和在京委托管理机构应当根据各自实际，对本地区本系统责任单位和项目负责人的资金使用和管理情况进行不定期检查或专项审计。发现问题的，应当及时督促整改，并向全国社科规划办报告。

第二十六条　全国社科规划办应当建立项目资金使用和管理情况的检查、审计、监督长效机制，建立项目资金绩效评价和结果应用制度，加强项目资金使用效益评估。

第二十七条　建立项目资金使用和管理的承诺机制，责任单位应当承诺依法依规履行项目资金管理的职责，项目负责人应当承诺提供真实的项目信息并认真遵守项目资金管理的有关规定。

第二十八条　建立项目资金使用和管理的信用机制，全国社科规划办对责任单位和项目负责人在项目资金使用和管理方面的信誉度进行评价和记录，作为对责任单位信用评级和对项目负责人绩效考评以及今后资助的重要依据。

第二十九条　建立项目资金使用和管理的信息公开机制，责任单位和项目负责人应当在单位内部公开项目预算、预算调剂、决算、项目组人员构成、设备购置、外拨资金、劳务费发放以及间接费用和结余资金使用等情况，自觉接受监督。

第三十条　违反本办法规定的，依照《预算法》《财政违法行为处罚处分条例》等国家有关规定追究法律责任。涉嫌犯罪的，依法移送司法机关处理。

第六章　附　　则

第三十一条　本办法适用于国家社科基金各项目类型，以及教育学、艺术学、军事学三个单列学科。国家社科基金其他资助，未制定有关办法的，适用本办法。

第三十二条　本办法由财政部、全国哲学社会科学规划领导小组负责解释。

第三十三条　本办法自发布之日起施行。2007年4月10日财政部、全国哲学社会科学规划领导小组印发的《国家社科基金项目经费管理办法》（财教〔2007〕30号）同时废止。

附录5　全国哲学社会科学工作领导小组、财政部《关于进一步完善国家社会科学基金项目管理的有关规定（2019年）》[①]

为全面贯彻习近平总书记在哲学社会科学工作座谈会上的重要讲话精神，落实党中央、国务院关于推进科技领域"放管服"改革和中共中央办公厅、国务院办公厅《关于深化项目评审、人才评价、机构评估改革的意见》《国务院关于优化科研管理提升科研绩效若干措施的通知》《国务院办公厅关于抓好赋予科研机构和人员更大自主权有关文件贯彻落实工作的通知》等文件的要求，充分激发社科界创新活力，优化科研项目和经费管理，减轻科研人员负担，现就国家社会科学基金（以下简称国家社会科学基金）项目管理明确以下规定。

一、简化项目申请管理要求

1. 精简项目申请要求。国家社会科学基金青年项目负责人可根据研究实际需要自主确定科研团队，申请时不再需要列出参与者。不具有副高级以上专业技术职称（职务）或者博士学位的，申请国家社会科学基金青年项目，不再需要专家书面推荐。取消后期资助项目申报成果须由三名正高职称同行专家书面推荐的规定。

2. 放宽项目申请人资格。正式受聘于内地（大陆）高校和科研院所等的港澳台研究人员，可以根据相关条件申请国家社会科学基金各类项目。在站博士后人员均可申请国家社会科学基金项目，不

[①]　中国教育经济信息网—全国哲学社会科学工作领导小组、财政部关于进一步完善国家社会科学基金项目管理的有关规定[DB/OL]. [2021-01-30]. https://www.cee.edu.cn/zhengce/fabu/caiwuguanli/yusuanguanli/2019-05-21/1627.html.

再要求在职；其中在职博士后可从所在工作单位或博士后工作站申请，全脱产博士后从所在博士后工作站申请。

3. 突出代表性成果评价。重点考察国家社会科学基金项目申请人标志性成果的同行评价和社会效益。重大项目申请人学术简历中所列承担的各类项目情况由原来不设上限改为设置上限为5项，与申请课题相关的主要研究成果数目由原来不设上限改为设置上限为10项，子课题负责人相关代表性成果上限为5项。其他各类项目的前期相关成果由原来不设上限改为设置上限为5项。

二、精简项目过程管理要求

4. 简化变更批复程序。分类实施国家社会科学基金项目重要事项变更申请：第一类，变更项目负责人或项目责任单位、改变项目名称、研究内容有重大调整、改变最终研究成果形式、涉及国家秘密或重要政治敏感问题的阶段性成果出版发表等事项，由全国哲学社会科学工作办公室（以下简称全国社科工作办）审批；第二类，在研究方向不变、不降低预期目标的前提下，调整研究思路或研究计划、变更重大项目子课题负责人，以及因身体原因或不可抗拒因素自行申请终止或撤销项目，均由责任单位审批同意后按程序报全国社科工作办备案；第三类，调整各类项目的课题组成员，由责任单位直接审批。

5. 明确项目延期和清理工作要求。各类项目原则上要求按照申请书中计划完成时间申请结项，对按时完成项目且成果验收达到优秀等级的负责人在申请新的国家社会科学基金项目时予以适当政策倾斜。对逾期未完成的项目实行定期清理制，能够在清理期内完成的项目不再需要提交延期申请。个别研究难度大、在清理期内确实无法完成的项目，可按程序提交延期申请报全国社科工作办审批。

6. 精简项目过程检查。各省区市社科管理部门或在京委托管理机构负责组织国家社会科学基金各类项目中期检查，针对关键节点实行"里程碑"式管理,按照每个项目在研期间均只进行1次中期检查的原则,确定每个年度的项目检查范围,重点检查研究工作情况和阶段性成果。中期检查结果报全国社科工作办备案。实施周期3年以下的项目以责任单位自我管理为主,可以不进行中期检查。

7. 减少信息填报和材料报送。国家社会科学基金项目(不含涉密研究项目)经费预算填报和中后期管理环节全面推行信息化方式,通过"国家社会科学基金科研创新服务管理平台"网上办理相关业务,减少纸质材料报送,提高工作效率。

8. 扩大委托鉴定范围。国家社会科学基金项目最终研究成果的鉴定一般采取匿名通讯鉴定或会议鉴定的方式,分类组织实施。重大项目、年度项目、青年项目、西部项目、后期资助项目和中华学术外译项目等的最终研究成果鉴定,由全国社科工作办委托各省区市社科管理部门或在京委托管理机构负责组织,重大项目一般采用会议鉴定方式,其他项目采用通讯鉴定方式,鉴定后的材料均报全国社科工作办验收审批。特别委托项目、重大研究专项的最终成果鉴定,由全国社科工作办负责组织。

9. 修改关于终止和撤项的处罚规定。国家社会科学基金项目在申请和实施过程中,成果存在严重政治问题,或者成果未能达到申请书的目标,或者有严重违约、违背科研诚信要求行为等情形的,视情节轻重分别予以终止或撤销项目的处理。被终止项目的负责人3年内不得申请或者参与申请国家社会科学基金项目,被撤销项目的负责人5年内不得申请或者参与申请国家社会科学基金项目。被终止或撤销的项目,应视情节轻重按要求退回已拨经费或剩余资金。所退资金,由全国社科工作办统筹用于资助项目研究。

三、优化项目资助经费管理

10. 赋予科研单位项目经费管理使用自主权。国家社会科学基金项目除增列外拨经费外,直接费用预算调剂权全部下放给项目责任单位。责任单位应按照国家有关规定完善管理制度，及时为课题组办理调剂手续。相关管理制度由项目责任单位按程序报全国社科工作办备案。

对于2016年（不含）以前批准资助的在研项目，是否列支间接费用由项目责任单位自主决定。如列支，则在项目预算总额不变的前提下，由项目责任单位按规定自主进行预算调剂。

11. 落实项目结余经费使用相关要求。国家社会科学基金项目通过结项验收并且项目责任单位信用良好的，在保证项目后续研究或成果出版的前提下，结余资金可由项目责任单位统筹安排，用于科研的直接支出。若2年后（自验收结项下达后次年的1月1日起计算）结余资金仍有剩余的，应当按原渠道退回国家社会科学基金，统筹用于资助项目研究。

四、营造优良学术环境

12. 加强科研诚信管理。把科研诚信要求融入国家社会科学基金项目管理全过程。继续做好国家社会科学基金项目负责人和参与者、评审（鉴定）专家的科研诚信记录，对严重违背科研诚信要求的人员记入"黑名单"。加强科研诚信信息跨部门跨区域共享共用，依法依规对严重违背科研诚信要求责任人采取联合惩戒措施。

13. 强化相关参与人员公正性承诺制度。项目申请人和参与者、责任单位和合作研究单位、评审（鉴定）专家及国家社会科学基金全体工作人员均需签署相关维护国家社会科学基金公正性的承诺，杜绝各种干扰评审（鉴定）工作的不端行为。对于发现和收到的涉及违背承诺的违纪违规线索和举报，将按照管理权限移交责任单位或相关纪检监察部门处理。

14. 避免国家社会科学基金项目"帽子化"倾向。国家社会科学基金学科组评审专家、同行评议专家、成果鉴定专家、重大项目首席专家或项目负责人，不是荣誉称号，也不是"永久"的标签，有关部门和责任单位要设置科学合理的评价标准,让项目回归学术研究本质,避免与物质待遇挂钩,为广大研究人员潜心研究创造良好氛围。

15. 强化责任单位主体责任。 国家社会科学基金项目责任单位要认真履行管理主体责任,加强和规范国家社会科学基金项目及其研究成果管理,结合单位实际修订完善内部科研项目管理制度和内部报销规定,对科研需要的出差和会议按标准报销相关费用并简化相关手续,切实解决调查研究、问卷调查、数据采集等科研活动中无法取得发票或财政性票据,以及邀请外国专家来华参加学术交流发生费用等报销问题。要充分尊重科研自主权,保护、调动和发挥专家学者积极性,加大科研成果宣传推介力度。加快建立健全学术助理和财务助理制度,通过购买财会等专业服务,把专家学者从报表、报销等具体事务中解脱出来,相关费用可由项目责任单位根据工作实际通过科研项目资金等渠道解决。

16. 做好国家社会科学基金在研项目政策衔接。 对于本规定发布前的国家社会科学基金项目,执行周期结束且已开展结项验收的项目,继续按照原政策执行;项目执行周期结束但尚未开展结项验收以及仍在执行中的项目,参照本规定执行。

本规定自发布之日起施行,《国家社会科学基金管理办法》《国家社会科学基金项目资金管理办法》及原国家社会科学基金有关管理规章与本规定要求不一致的,以本规定为准。

全国哲学社会科学工作领导小组　财政部
2019 年 4 月 28 日

附录6 2020年度国家社会科学基金年度项目、青年项目申报常见问题释疑①

为方便申请人了解和申报国家社会科学基金年度项目、青年项目（以下统称国家社会科学基金项目），现将申报过程中经常遇到和需要注意的问题汇总如下。

1. 国家社会科学基金项目有哪些类型？

答：国家社会科学基金常规申报的项目类型主要有重大招标项目、年度项目（重点项目和一般项目）、青年项目、全国教育科学规划项目（教育学单列）、全国艺术科学规划项目（艺术学单列）、后期资助项目、中华学术外译项目、高校思想政治理论课研究专项、冷门绝学研究专项，此外还有各类专项，具体可关注官网发布的申报通知。本问答只针对国家社会科学基金年度项目（重点项目和一般项目）、一般项目，并统称为国家社会科学基金项目。

2. 项目申请的基本流程？

答：全国社科工作办每年12月中下旬会发布下一年度国家社会科学基金项目申报公告，社科院官网会同步更新通知。最终材料的提交方式及时间要求以社科院官网的正式申报通知为准，务必使用通知附件中的"申请书"及"活页"。

3. 国家社会科学基金项目资助范围是什么？

答：（1）课题申报范围涉及23个学科，须按照《国家社会科

---

① 本问答依托《2020年度国家社会科学基金项目申报公告》《人文社科项目申报300问》《国家社会科学基金管理办法（2013年5月修订）》《关于进一步完善国家社会科学基金项目管理的有关规定（2019年4月修订）》《关于加强和改进国家社科基金年度项目和西部项目中后期管理工作的通知》整理，具体以本年度国家社科基金项目的申报公告为准。

学基金项目申报数据代码表》填写《国家社会科学基金项目申请书》。跨学科研究课题要以"靠近优先"原则，选择一个为主学科申报。（2）教育学、艺术学和军事学等三个单列学科的申报，学院（系）征集申报意向，项目负责人完成申报书初稿，学院组织论证会，学校组织线上论证，申请人按要求提交修改好的申报材料，学校将审核通过的申报材料统一报出。3 分别由全国教育科学规划办、全国艺术科学规划办、全军社科规划办另行发布通知。

4. 国家社会科学基金项目的资助额度是多少？

答：重点项目 35 万元，一般项目和青年项目 20 万元。

5. 国家社会科学基金项目的研究时长一般为几年？

答：基础理论研究一般为 3～5 年，应用对策研究一般为 2～3 年。具体日期一般写到 6 月 30 日或 12 月 31 日。

6. 申请人条件是什么？

答：具有副高级以上（含）专业技术职称（职务），或者具有博士学位。不具有副高级以上（含）专业技术职称（职务）或者博士学位的，可以申请青年项目，不再需要专家书面推荐。青年项目申请人的年龄不得超过 35 周岁（具体日期以当年度申报公告为准）。全日制在读研究生不能申请。在站博士后均可申请，其中在职博士后可以从所在工作单位或博士后工作站申请，全脱产博士后从所在博士后工作站申请。

7. 港澳台研究人员或外籍研究人员是否可以申报？

答：正式受聘于内地（大陆）高校和科研院所等的港澳台研究人员，可以申请。外籍人士暂时不可作为项目负责人申请项目，但是可以作为课题组成员。

8. 课题负责人同年度能申报几个国家社会科学基金项目？

答：课题负责人同年度只能申报一个国家社会科学基金项目，且不能作为课题组成员参与本次他人国家社会科学基金项目的申请。

9. 课题组成员同年度能参与几个国家社会科学基金项目？

答：课题组成员同年度最多参与两个国家社会科学基金项目申请；在研国家级项目的课题组成员最多参与一个国家社会科学基金项目申请。

10. 在研的国家社会科学基金项目、国家自然科学基金项目及其他国家级科研项目的负责人是否可以申报？

答：一般情况下不能，但如果结项证书标注日期在规定日期之前，或在规定日期前已向全国社科工作办提交结项材料的，可以申请。后者具体日期以省社科工作办寄出结项材料时间或在国家社会科学基金科研创新服务管理平台中审核提交的时间为准。

11. 申请同年度国家自然科学基金及其他国家级科研项目的负责人是否可以申报？

答：不能，其课题组成员也不能作为负责人以内容基本相同或相近选题申请国家社会科学基金项目。

12. 申请同年度教育部人文社科研究一般项目的负责人是否可以申报？

答：不能。

13. 项目如果被终止或撤项，还可以申报新项目吗？

答：被终止项目的负责人3年内不得申请或者参与申请国家社会科学基金项目，被撤销项目的负责人5年内不得申请或者参与申请国家社会科学基金项目。

14. 上一年度申报项目没有立项，还可以再申报新项目吗？

答：可以。上一年度或连续多年申请项目未立项，可再次申报。

15. 哪些老师在申报项目时会有政策倾斜？

答：《国家哲学社会科学成果文库》第一作者以及全国社科工作办《成果要报》第一作者，申报国家社会科学基金项目时可直接进入会议评审。对按时完成项目且成果验收达到优秀等级的负责人在申请新的国家社会科学基金项目时予以适当政策倾斜。认真负责鉴定专家申报国家社会科学基金项目时，在同等条件下予以适当倾斜。

16. 课题名称必须与指南保持一致吗？

答：可以进行修改或自选。指南条目分为具体条目（带*号）和方向性条目两类。具体条目的申报，可选择不同的研究角度、方法和侧重点，也可对条目的文字表述做出适当修改。方向性条目只规定研究范围和方向，申请人要据此自行设计具体题目。只要符合《课题指南》的指导思想和基本要求，各学科均鼓励申请人根据研究兴趣和学术积累申报自选课题（包括重点项目）。自选课题与按《课题指南》申报的选题在评审程序、评审标准、立项指标、资助强度等方面同样对待。

17. 以博士论文或博士后出站报告为基础如何申报？

答：凡以博士学位论文或博士后出站报告为基础申报国家社会科学基金项目，须在《国家社会科学基金项目申请书》中注明所申请项目与学位论文（出站报告）的联系和区别，申请鉴定结项时须提交了学位论文（出站报告）原件。

18. 项目申请书的学科分类怎么填？

答：参照《国家社会科学基金项目申报数据代码表》（申报通知的附件），封面的"学科分类"是一级学科，交叉学科填主要涉及学科，请填写文字而非代码。"一、数据表"的"学科分类"是二级学科，粗框内填3个字符，即二级学科代码；细框内填二级学科名称。例如，申报哲学学科伦理学专业，则在粗框内填"ZXH"，细框内填"哲学伦理学"字样。跨学科课题填写与其最接近的学科分类代码。

19. 项目申请书的课题名称可以加副标题吗？

答：应准确、简明地反映研究内容，一般不加副标题，不超过

40个汉字（含标点符号）。

20. 项目申请书的关键词怎么填？

答：按研究内容设立。最多不超过3个主题词，词与词之间空一格。

21. 项目申请书的工作单位怎么填？

答：封面的"工作单位"填××大学。"一、数据表"的"工作单位"填写至二级单位全称，不可写简称，如××大学××学院。

22. 课题组成员必须要有吗？

答：重点项目、一般项目一般需要列出；青年项目负责人可根据研究实际需要自主确定科研团队，申请时不再需要列出参与者。

23. 项目的预期成果怎么填？

答："一、数据表"的"预期成果"是指最终研究成果形式，可多选，但建议只选一项。字数以中文千字为单位。例如，预期成果为"专著"填"A"，选"专著"和"研究报告"填"A"和"D"。结项成果原则上须与预期成果一致，如计划用少数民族语言或者外语撰写成果，请在论证中予以说明。"二、课题设计论证"的"预期成果"应包括阶段性成果和最终成果，最好列出大致数量和名称。

24. 前期相关研究成果能列几项？

答：前期相关成果限报5项。重点考察国家社会科学基金项目申请人标志性成果的同行评价和社会效益。申请书中的成果名称、形式（如论文、专著、研究报告等）须与《课题论证》活页相同，活页中不能填写的成果作者、发表刊物或出版社名称、发表或出版时间等信息要在本表中加以注明。与本课题无关的成果不能作为前期成果填写；合作者注明作者排序。

25. 申请书中的直接费用、间接费用怎么填？

答：直接费用是总经费的70%，间接费用是总经费的30%。申请书中的单位为"万元"。

26.《国家社会科学基金项目课题论证活页》只能写7000字吗?

答:可以多于7000字,但是最多填8个版面。一般实际字数为1万~1.2万字。

27. 国家社会科学基金项目如何评审?

答:全国社科工作办对已经受理的国家社会科学基金项目申请,先组织同行专家进行通讯评审,再组织学科评议组专家进行会议评审。通讯评审:采用活页匿名评审方式,一份活页通常由5人评审,选中率为25%~30%。会议评审:采用申请书公开评审方式,按学科分组评审,选中率为50%~60%。全国总立项率在15%左右。

28. 全国社科工作办是否会反馈项目的评审意见?

答:不会反馈。

29. 国家社会科学基金项目的成果如何标注?

答:唯一标识。凡以国家社会科学基金项目名义发表阶段性成果或最终成果,不得同时标注多家基金项目资助字样。

30. 项目结项前最终成果是否可以出版?

答:计划出版的最终成果必须先鉴定再出版,个别成果(如丛书)确需先出版的,须报全国社科工作办审批。对于违反规定擅自出版的,一律按撤项处理。

31. 最终成果可以使用外文或少数民族文字书写吗?

答:最终成果原则上应为中文,如确需以外文或少数民族文字结项的,应先向全国社科工作办提出申请,待批复后再提交结项材料。

附录7　2019年度教育部人文社会科学研究一般项目申报常见问题释疑

1.2019年度教育部人文社会科学研究一般项目申报、评审周期是怎样安排的？

答：按照部门预算要求，2019年度教育部一般项目定于2018年8月6日启动网上申报，2018年9月14日结束网上申报，9月19日截止纸质材料报送；计划于10月左右完成材料审核并组织评审。

2.一般项目面向哪些学校申报？

答：除专项任务项目另有规定外，全国普通高等学校都可以申报。上述高校系统外的人员不能作为项目负责人申报，但可作为课题组成员参加项目。

3.西部和边疆地区项目及西藏、新疆项目面向哪些省市普通高等学校？

答：西部和边疆地区项目资助范围：重庆、四川、贵州、云南、陕西、甘肃、宁夏、青海、内蒙古、广西、海南十一个省（区、市），以及湖南省湘西土家族苗族自治州、湖北省恩施土家族苗族自治州、吉林省延边朝鲜族自治州，上述地区的普通高等学校。新疆、西藏项目专门资助新疆与西藏地区的普通高等学校。

4.西部和边疆地区项目及新疆、西藏项目如何申报？

答：西部和边疆地区项目及新疆、西藏项目不单独组织申报，申请评审书、申报时间、申报条件、评审标准、评审程序与一般项目相同，只是在评审结果中单独划线，面向西部和边疆地区、新疆和西藏地区高校择优确定。西部和边疆地区、新疆和西藏地区高校教师在申报时，统一按照《教育部社科司关于2019年度教育部人文社会科学研究一般项目申报工作的通知》要求申报。

5. 一般项目有申报指南吗？

答：除专项任务项目另有规定外，申请人根据自身的研究基础和学术特长，认真凝练、自行拟定研究课题。研究课题名称力求表述规范、准确、简洁。申请人要认真学习领会习近平新时代中国特色社会主义思想和党的十九大精神，申报课题要体现鲜明的时代特征、问题导向和创新意识；基础研究要密切跟踪国内外学术研究前沿和学科建设需要，体现具有原创性、开拓性的学术创新价值；应用研究要立足党和国家事业发展需求，聚焦全局性、战略性和前瞻性的重大理论与现实问题，体现具有针对性、实效性的决策参考价值。

6. 一般项目题目拟定应该遵循什么原则？

答：申请人应该在认真凝练、反复斟酌的基础上自行拟定研究课题。研究课题名称应表述严谨、准确、简洁，避免引起歧义和争议。不严谨、不规范的题目将直接影响专家的评审。

7. 一般项目是否实行限额申报？

答：除专项任务项目另有规定外，一般项目不实行限额申报，但各申报单位应严格把关，提高申报质量。未经申报单位审核并统一报送的申报材料，一律不予受理。

8. 连续申报一般项目是否有限制？

答：连续2年（本次指2017年、2018年）申请一般项目（含专项任务项目）未获资助的申请人，暂停1年一般项目申请资格，即2017年、2018年连续两次申请项目未获资助，暂停2019年申请资格。

9. 正在办理教育部一般项目结项的项目负责人能否申报2019年度教育部一般项目？

答：2018年8月20日前，在研的教育部一般项目报送结项材料（以邮戳时间为准），符合结项条件的可申报2019年度教育部一般项目。

10. 项目申请人是否可以同时作为课题组成员参加项目申报？

答：每个申请人限报 1 个项目，可以作为课题组成员参加其他项目的申报。所列课题组成员必须征得成员本人同意，否则视为违规申报。需要注意的是，不得将内容相同或相近的项目，以不同申请人的名义提出申请。

11. 副教授/副研究员及其他系列副高级职称可以申报规划基金项目吗？

答：可以。高级职称包括正高级职称和副高级职称。

12. 是否需要同时具有中级职称和博士学位才可以申报青年基金项目？

答：不需要。中级职称（讲师/助理研究员）凡年龄不超过 40 周岁（1978 年 7 月 1 日以后出生），无论是否具有博士学位，均可申报青年基金项目。

13. 对课题组成员的年龄、职称、职务、国籍等有限制吗？

答：没有限制。证件号一栏请填写身份证号、台胞证号、港澳通行证号、护照号等有效证件号码。

14. 博士后能否申报一般项目？

答：所在博士后流动站高校出具同意申报并承诺进行管理的证明，可以申报。出站后工作单位为高校者，经双方学校同意可变更项目管理单位。出站后工作单位为非高校者则项目不能转出，由原申报单位承担项目管理与监督责任。

15. 在内地普通高校工作的外籍教师和港澳台教师是否可以申报？

答：可以。由学校人事部门出具该教师在编在岗的人事证明，发传真至 010-58803011，经审核同意后，索要专门的申请评审书电子文档。

16. 项目申报的学科门类包括哪些？

答：本次项目申报学科门类以2009年国标《学科分类与代码》为基础，结合高校实际情况，做了部分调整，共分为25个学科门类。其中需要注意："马克思主义/思想政治教育"包括国标中的"马克思主义"以及思想政治教育研究方向；"逻辑学"是国标中的"哲学"二级学科；"中国文学""外国文学"分别是国标中"文学"的两部分；"心理学"不包括国标中的"医学心理学"二级学科；"体育学"不包括国标中的"运动生物力学""运动生理学""运动心理学""体育保健学""运动生物化学""运动训练学""武术理论与方法"二级学科；"国际问题研究""港澳台问题研究""交叉学科/综合研究"为国标之外为促进相关领域研究发展而专门设立的申报门类。

17. 交叉学科/综合研究如何填报学科范围？

答：要按照"靠近优先"的原则，根据选题方向和研究重点，填报最为相关或最为接近的人文社会科学类二级、三级学科。以自然科学为主的项目将不予受理。

18.《申请评审书》中研究类别分为基础研究、应用研究和实验与发展三类，如何理解实验与发展？是否等同于综合研究或其他研究？

答：根据国家统计局关于项目研究类型的分类标准，项目分为三类，即"基础研究""应用研究""实验与发展"。

基础研究是指为了获得关于现象和可观察事实的基本原理的新知识（揭示客观事物的本质、运动规律，获得新发现、新学说）而进行的实验性或理论性研究，它不以任何专门或特定的应用或使用为目的。其成果以科学论文和科学著作为主要形式。

应用研究是指为获得新知识而进行的创造性研究，主要针对某一特定的目的或目标。应用研究是为了确定基础研究成果可能的用途，或是为达到预定的目标探索应采取的新方法（原理性）或新途径。

其成果形式以科学论文、专著、原理性模型或发明专利为主。

实验与发展是指利用从基础研究、应用研究和实际经验所获得的现有知识，为产生新的产品、材料和装置，建立新的工艺、系统和服务，以及对已产生和建立的上述各项做实质性的改进而进行的系统性工作。其成果形式主要是专利、专有技术、具有新产品基本特征的产品原型或具有新装置基本特征的原始样机等。在社会科学领域，实验发展是指把通过基础研究、应用研究获得的知识转变成可以实施的计划（包括为进行检验和评估实施示范项目）的过程。人文科学领域除了个别学科的特定领域如艺术学的乐器方向等外，一般来说没有对应的实验发展活动。综上，在研究类别的选择上应结合项目主攻方向进行确定，原则上多为基础研究和应用研究。

19.《申请评审书》A 表：申请人承担省级以上社科研究项目情况以及完成情况，是否包括作为项目参与者参加的研究项目？

答：不包括，应填写申请人作为负责人主持承担省级以上社科研究项目情况以及完成情况。

20.《申请评审书》B 表"资料准备情况"应如何表述？

答：可以采用两种方式按相关要求进行规范表述。一用描述性的语言进行概括式表述；二用清单的方式进行罗列式表述。

21.《申请评审书》B 表有关论证中能否出现申请人已发表文章的期刊名称、文章题目及承担课题的名称？

答：为保证评审专家能够充分了解申请课题的研究基础，同时保证评审的公正，《申请评审书》B 表可以出现申请人已发表文章的期刊名称、文章题目及作为负责人主持承担的课题名称，但不得出现本人所在单位、姓名等个人身份信息。

22. 一般项目资助经费多少？

答：除专项任务项目另有规定外，根据 2019 年《申报通知》规定，规划基金项目资助经费原则上不超过 10 万元，青年基金项目资助经费原则上不超过 8 万元。

23. 经费预算填报有何要求？

答：项目经费执行《高等学校哲学社会科学繁荣计划专项资金管理办法》（简称《专项资金管理办法》），实行严格规范的预决算管理，项目申请人应在资助限额内，根据实际需求准确测算总经费预算，列明预算细目，同时还要列出分年度经费预算。研究项目资金分为直接费用和间接费用，间接费用由项目依托学校按照《专项资金管理办法》的有关规定核定，统筹管理使用。项目负责人应根据项目研究需要，科学合理、实事求是地编制直接费用预算。直接费用计算公式为：直接费用＝资助总额－资助总额×间接费用相应核定比例。

项目资金需要转拨协作单位的，应在预算中单独列示，并对外协单位资质、承担的研究任务、外拨资金额度等进行说明。间接费用外拨金额由项目依托学校和合作研究单位协商确定，但学校间接费用和外拨间接费用之和不得超过该项目核定的间接费用总金额。

项目批准立项后，将按照审核通过的分年度预算进行拨款。项目负责人要严格执行批准后的项目预算，后期确需调剂的，应当按照《专项资金管理办法》有关规定履行单位内部调整审批程序，并通过教育部人文社会科学研究管理平台项目中后期管理系统报教育部备案。

24. 申报自筹经费项目需要注意什么问题？

答：必须在《申请评审书》后附上学校财务处提供的委托研究单位经费到账凭证或银行回单等证明材料复印件（文字说明类证明材料无效），同时填写《申请评审书》中的"其他来源经费"栏。校内资助的项目不能申报自筹经费项目。申报自筹经费项目的到账科研经费不得低于 8 万元。

25. 一般项目研究周期是多长时间？

答：项目自批准之日起，研究周期一般为3年，特殊情况可申请延期1～2年。申请延期一次最多不得超过1年，一个项目申请延期最多不得超过2次。

26. 项目申报通知有关内容与项目管理办法不一致时以哪个为准？

答：基于现阶段发展状况，结合当前形势需要，为更好推动高校哲学社会科学繁荣发展，项目申报通知对项目管理办法的部分要求进行了适度调整。因此，在项目申报过程中应以项目申报通知规定为准。项目申报通知未涉及内容，执行项目管理办法。

27. 教育部在审核各高校申请的项目时重点审核哪些内容？

答：重点审核以下内容：（1）申请人所在学校是否是规定申报范围内的全国普通高等学校。（2）纸质《申请评审书》封面是否加盖申请人所在学校公章，封底是否加盖科研管理部门公章及申请人本人签字，课题组成员是否签字。（3）填报的项目类别、学科门类、研究方向及其他申请书内容是否齐全、正确。（4）申请人本人是否符合申报条件，包括申报规划基金项目的专业技术职务是否符合规定，申报青年基金项目的年龄是否超龄，申报自筹经费项目的是否有到款证明，申请人是否有在研的国家社科、自然科学基金项目及教育部人文社科项目等。（5）申请人是否同时申报2个及以上项目。（6）上报的纸质《申请评审书》与网上上传的电子版是否一致。（7）《申请评审书》B表是否出现申请人学校、姓名等有关信息。审核完成后将在网上公示申报情况，对于不符合申报条件和要求的将一律予以撤销。

28. 项目批准立项后是否可以变更项目管理单位或调整课题组成员？

答：可以。变更后的项目管理单位必须是普通高校，变更申请必须由新旧单位科研主管部门同意并签章，经批准同意后将项目转入新工作单位。

29. 重要事项变更申请如何办理？

答：办理项目延期、变更管理单位、调整课题组成员以及其他变更事项，申请人必须登录教育部社科司主页（www.moe.edu.cn/s78/A13/）"教育部人文社会科学研究管理平台系统"，在线提出变更申请，经所在学校在线审核后，由教育部社科司审核备案。

30. 各类专项任务项目通知什么时候下发？

答：按照部门预算要求，2019年度中国特色社会主义理论体系研究专项、高校思想政治工作专项、工程科技人才培养研究专项、教育廉政理论研究专项、高校示范马克思主义学院和优秀教学科研团队建设专项也将于2018年启动，申报通知将另行下发，请关注教育部社科司主页（www.moe.edu.cn/s78/A13/）通知公告栏。

附录 8　国家社会科学基金项目申请《老杜金句》摘编

"立项的人不是比我们优秀,只是坚持得更久。"(杜为公,2021)

"认真读书是成功获得立项的唯一'技巧'。"(杜为公,2014)

"不能因为没有前期成果就不敢申报,否则你永远没有竞争力。"(杜为公,2004)

"选题是成败的关键。"(杜为公,2008)

"题目是点睛之笔。"(杜为公,2008)

"提出问题要比解决问题更困难、更重要。"(杜为公,2008)

"'学术史梳理及研究动态'是要用申请人的语言去描述别人的研究。"(杜为公,2015)

"'学术价值和应用价值'立意要高,落地要实。"(杜为公,2015)

"'研究对象'是课题研究需要去调查的对象。"(杜为公,2015)

"'研究内容'是完成各个分目标的过程描述;要丰满而不复杂。"(杜为公,2008)

"'思路'是对实现研究目的和目标的时间先后顺序的描述。"(杜为公,2015)

"'主要目标'是课题研究的目的。"(杜为公,2008)

"'分目标'是对实现研究目的过程重要节点的描述。"(杜为公,2008)

"'重点、难点'描述的只能是'点'。"（杜为公，2008）

"核心观点描述的只能是'点'。"（杜为公，2015）

"能用文字准确表达自己的思想是申请课题的第一步。"（杜为公，2020）

"申报课题的核心竞争力是申报书的写作能力。"（杜为公，2020）

"文字组织是思路清晰化、条理化和结构化的过程。"（杜为公，2018）

"申请书的文字要让内行感觉深刻、让外行能够理解。"（杜为公，2008）

"已经写好多个项目申请书，在等课题《申报公告》。"（杜为公，2008）

"有好的选题就立即把申请书写出来。"（杜为公，2012）

"申请书不是写出来的，是思考出来的。"（杜为公，2008）

"申请书不是思考出来的，是写出来的。"（杜为公，2013）

"申请书不是写出来的，是修改出来的。"（杜为公，2016）

"要像写情书一样写申请书，先感动自己，然后才能感动评委。"（杜为公，2016）

"不能'重申报、轻研究''重立项、轻结项'。"（杜为公，2008）

"写'申请材料'是太极套路，立项是'武林风'。"（杜为公，2008）

"项目中标是小概率事件，而学术研究是日常工作。"（杜为公，2016）

"屡败屡战、越挫越勇是项目申报的常态。"（杜为公，2016）

"要把科研当成一种生活方式，当成是生存的需要。"（杜为公，2002）

"有了项目我们要生活，没有项目也要生活。"（杜为公，2021）

附录9 新闻媒体对笔者的评价选编

杜为公教授：一个知识分子的家国情怀[①]

（发布时间：2016-06-27 15:12:49　来源：荆楚网荆楚网讯 通讯员 余艺）

国家社会科学基金项目、国家自然科学基金项目凭借评审上的公正、公平，被誉为"中国科学研究的金字塔"，成为科研高水准的标志。很多科研人员的梦想就是能承担一个国家社会科学基金项目或国家自然科学基金项目，申请到多个国家级项目，是很多人做梦都没有想过的事情。然而，××××大学经济与管理学院杜为公教授已经获得5个国家社会科学基金项目、1个国家自然科学基金项目立项，他个人获得的国家级基金立项数量在全省名列前茅，成为××××大学科研人员的标杆。

"我是党培养的知识分子，要有家国情怀。"——杜为公

心系国家需求、关注社会发展

杜为公教授本科阶段的专业是物理学，硕士研究生阶段学习经济学，博士研究生阶段学习管理学，两站博士后期间的研究方向都是应用经济学，在英国做访问学者期间的研究方向是应用经济学。这看似"混乱"的专业和研究方向的变化，正是因为他本着道德和学术良知，把个人命运与国家、民族的命运紧紧地联系在一起。

作为我国"新三届"毕业生，杜为公读大学时正值"文革"之

[①] 杜为公教授：一个知识分子的家国情怀 _ 荆楚网 [DB/OL]. [2021-02-11]. http://edu.cnhubei.com/kjhkt/kjhktlb/201606/t20160627_103985.shtml.

后国家科技急需发展的重要时期，他选择了让一般人望而却步的物理学专业。大学毕业以后，发展经济成为国家的头等大事，他选择报考了经济学的硕士研究生和管理学的博士研究生。博士毕业时，正值以美国为首的北约轰炸我驻南联盟大使馆，他毅然携笔从戎，成为我军自己培养的第一个应用经济学博士后。在第二站博士后研究期间，他开始关注现代农业经济学的研究。在英国伯明翰大学和约克大学做访问学者期间，他涉及了大量与农业经济学相关的理论研究成果，并对英国的16个农场进行深度调研。

坚持理论与实践结合、以问题为导向

理论是苍白的，解决问题的思路和方法必须与实践相结合。科学研究工作中仅有超越众人的认知、理想和信念是不够的，而将理想和信念变为现实则需要通过解决实际问题。2009年，他被省委组织部选派到钟祥市担任副市长。在两年半时间里，他对我国农业、农村、农民问题进行了深度的调研，发现了中国农业发展中的深层次问题，并将"三农"问题的相关研究确定为终生的研究方向。

正是这样的跨学科、跨专业、跨国界的学术背景，多层次、多岗位的工作经历，使他形成了多专业、多学科交叉的思维方式，形成了他的国际视野，在分析问题和解决问题方面形成了独到的见解，奠定了他产生高水准科研成果的基础。

从杜为公教授身上，我们看到了当代中国知识分子深厚的家国情怀。

"做科研不为名利，只为知识分子的责任与担当。"——杜为公

当前学术界有人将科研看作挣钱的工具、人生仕途进步的手段，有人甚至采取不正当手段获得项目资助，杜为公教授对此不以为然。

他认为"利居众后、责在人先"是中国知识分子薪火相传的思想标杆。在浮躁的学术环境中,他依然生活简朴、为人谦虚正直,表现出当代中国知识分子的责任与担当。

守得住清贫,耐得住寂寞

用时髦的话说,杜为公教授是一个"宅男",也是一个"穷人"。他生活简朴,为人谦虚正直,学习刻苦,在全校师生中有目共睹。

杜为公教授每日搭班车或骑自行车上班,从来不穿名牌服装、不用名牌产品,过着极简的、清贫的生活。每当同事问及此事,他总是说:"那些身外之物我不感兴趣,只要有钱那些东西我一夜之间就可以拥有,但认知、理想和信念需要长期的培养。国家级课题申请人多是我国学术界的精英,我喜欢与高智商的人在一起竞争,这才能让我感到学习的乐趣。与这一人群的竞争并取胜,带给我的效用要远比'奥迪''博柏利''苹果'带给我的效用高很多。"但在购买图书资料上,他却从不吝啬,在网上看到或听到同事说有什么好书,他不惜任何代价也要得到并认真研读。在课题调研中,有许多项目按照财务规定不能用课题经费报账,他都是自己支付,从来没有因为经费的原因使研究计划打折扣。他从来没有申请过任何奖项,不与任何人争名利,他认为学术水平是做出来的,不是评出来的。

冰冻三尺需要持之以恒。所有收获的背后,都是辛勤的汗水。杜为公教授几十年如一日地坚持学习,不论大年三十、初一,还是星期六、星期日,他总在办公室坚持学习。常常到了办公楼锁门的时间,他仍然在办公室忘我地学习。值班师傅开始对此很有意见,但最终被他的努力而感动,曾说:"很多学生的学习都没有杜教授认真。"

一枝独秀不是春,科研需要交流与合作。杜为公教授利用听青年教师讲课的机会与他们谈心,帮助他们选择科研方向,树立科研信心，培养科研梯队。他指导过的申请报告已经有两个获国家社会科学基金项目资助。

虽然一直肩负繁重的行政管理工作，杜为公教授仍每学年都坚持为本科生上课，从不以所谓领导和大牌教授自居。他常说："我过去是一个老师，现在是一个老师，将来还是一个老师。"

后　记

近年来，我立项了7个国家级课题（6个国家社会科学基金课题，1个国家自然科学基金课题），积累了一定的申报、结项和准备的经验。经常有高校老师（认识的、不认识的）通过网络找我探讨申报问题。我曾受邀到多所高校、多个高校人文社科类学院进行"申报国家社会科学基金项目"的经验汇报交流。这些院校包括"985""211""双一流"高校，但更多的是"省属高校""职业学院""独立学院"（我统一称为"普通高校"）。我体会最深的是"普通高校教师申请国家社会科学基金项目的热情很高，但苦于没有申报经验，缺少课题成功者耐心、细致的全程（从选题到结项）和跟踪陪伴式的交流辅导"。

我接触的普通高校老师多次提出建议，让我从一个普通高校教师的视角写一本总结"普通高校教师申报国家社会科学基金项目经验"的书，以帮助普通高校教师解决在申报国家社会科学基金项目过程中的困惑和问题。我也感觉到过去由于受时间限制，各类汇报讲座（线上或线下）无法将想法和做法系统地表达出来。

经过一年多的构思、写作，这本书与大家见面了。写作过程中，我再次审视了自己申报国家社会科学基金课题的经历，使自己的学术水平也有了一定的提高。感谢普通高校的老师们，是他们申报课题的热情促使我有信心、有力量完成此书。

学会写规范的《国家社会科学基金项目申请书》是第一步，立项是与别人竞争取胜。需要做的是把每一份《国家社会科学基金项目申请书》写到"极致"，其他的交给命运。我的经验能帮助读者实现科研理想，但更需要读者踏踏实实地提升科研能力。不然，我的任何经验都起不了作用。

要相信："只要努力，历史会准确地判断我们在这个时代的表现。"

我国人文社科研究水平进步很快，青年学者人才辈出，我把自己的想法和做法写出来，也请学者们批评指正。

2021 年 4 月 4 日于武汉梓山湖